# MANUEL

# DE L'ESSAYEUR.

---

PARIS. — IMPRIMERIE DE MALLET-BACHELIER,
rue du Jardinet, 12.

# MANUEL PRATIQUE

## D'ESSAI PAR LA VOIE SÈCHE

A L'USAGE

# DES ESSAYEURS,

PAR

M. E. FRANCK DE PRÉAUMONT,

Essayeur du commerce, ancien élève de l'Ecole des mines, membre de la Société d'encouragement et de l'Académie des arts et métiers.

PARIS,

MALLET-BACHELIER, IMPRIMEUR-LIBRAIRE

DE L'ÉCOLE POLYTECHNIQUE, DU BUREAU DES LONGITUDES,

Quai des Augustins, 55.

1858

# PRÉFACE.

Ce petit Manuel est destiné aux Essayeurs et en général aux personnes chargées de faire les essais dans les usines métallurgiques. Nous ne prétendons ici indiquer que la pratique de l'art de l'essayeur; et quoique nous donnions, en même temps que l'explication pratique, quelques notions théoriques pouvant servir à faire comprendre les procédés d'opération il est bon néanmoins de s'aider des traités de chimie pour se rendre plus familier avec l'analyse.

Nous avons fait des emprunts nombreux au traité de M. Chaudet (*l'Art de l'Essayeur*), et nous avons dû même souvent rapporter textuellement les procédés d'essais qu'il indique. Nous aurons cru remplir notre tâche en rassemblant dans ce petit traité les divers procédés d'essais qui sont disséminés dans plusieurs ouvrages d'un grand mérite, mais d'un ordre trop élevé pour ceux qui n'ont pas fait de la chimie une étude suffisante.

Nous avons fait quelques remarques sur les caractères que présente l'aluminium à la coupelle; ce métal étant appelé à jouer un rôle signalé dans les applications industrielles et à figurer aussi dans les alliages, nous avons ménagé dans l'appendice un chapitre spécial où nous indiquons succinctement ses principales propriétés.

E. Franck de Préaumont.

## TABLE DES MATIERES.

CHAPITRE XI.



CHAPITRE XII.



CHAPITRE XIII.



CHAPITRE XIV.



CHAPITRE XV.



CHAPITRE XVI.



CHAPITRE XVII.



CHAPITRE XVIII.



CHAPITRE XIX.

# MANUEL

## PRATIQUE

# DE L'ESSAYEUR.

## CHAPITRE PREMIER.

### DESCRIPTION DES INSTRUMENTS ET APPAREILS USITÉS DANS LE LABORATOIRE D'ESSAI.

La chimie analytique comprend deux procédés de recherche : le premier, par la voie sèche; le second, par la voie humide.

Les analyses par la voie humide offrent une exactitude très-grande; mais en général elles exigent beaucoup de temps et des connaissances chimiques très-étendues.

L'analyse par la voie sèche est beaucoup plus expéditive, et les résultats qu'elle donne sont presque toujours suffisants pour les besoins de l'industrie. Une analyse par la voie sèche se nomme plus spécialement *essai*.

Nous nous occuperons, dans ce traité, de l'essai par

la voie sèche des métaux en général ; nous développerons avec détail la partie qui se rapporte aux métaux précieux.

Nous allons citer les différents instruments et appareils nécessaires à un laboratoire d'essai.

L'instrument indispensable est la balance. Pour les essais d'or et d'argent, la balance doit être sensible au moins à $\frac{1}{4}$ de milligramme. On doit, pour la conserver exacte, la renfermer dans une cage en verre, que l'on n'ouvre que lors des pesées. Dans l'intérieur de la cage se trouvent des substances desséchantes, telles que du chlorure de calcium, destinées à absorber l'humidité. Les plateaux de la balance se manient avec des pinces. Il est bon, de temps à autre, de les essuyer avec un linge fin. D'ailleurs on ne doit se servir de la balance qu'après l'avoir vérifiée, c'est-à-dire qu'on doit, en chargeant ses deux plateaux de poids égaux, amener l'aiguille indicatrice au milieu du cercle gradué.

La balance est accompagnée d'une boîte à poids, qui en contient quatorze, rapportés au milligramme, savoir : un poids de 500 milligrammes, un de 200, deux de 100, un de 50, un de 20, deux de 10, un de 5, un de 2, deux de 1 milligramme, et deux de $\frac{1}{2}$ milligramme.

Les poids ont été jusqu'ici faits en platine, argent ou cuivre ; il en résulte que les poids inférieurs, ceux de 1, et $\frac{1}{2}$ milligramme, sont assez difficiles à manier :

aussi quelques fabricants les font maintenant en aluminium, ce qui permet d'avoir des poids d'un volume beaucoup plus considérable, l'aluminium étant excessivement léger. Pour les essais d'or, qu'on fait en général au $\frac{1}{2}$ gramme, comme nous le verrons dans la suite, on trouve plus commode d'avoir une boîte dont les quatorze poids, tout en marquant les mêmes désignations que les précédents, ont chacun une valeur moitié moindre; on agit ainsi pour n'avoir pas à doubler toutes les pesées. Les poids de cette boîte avaient été jusqu'ici faits en cuivre jaune.

### FOURNEAU DE COUPELLES.

Comme type de fourneau à moufles, nous ne pouvons mieux faire que de reproduire les détails que MM. Peligot et Levol ont communiqués à la Société d'encouragement sur le fourneau d'essais du laboratoire de la Monnaie de Paris. (*Voyez la Planche.*)

On nomme *moufle* un demi-cylindre en terre réfractaire, à fond plat, ouvert sur l'une des sections, et percé d'ouvertures rectangulaires sur la section fermée.

« Le fourneau actuel, construit par M. Payen, est en terre réfractaire; il présente deux moufles jumeaux de moyenne grandeur, qui sont placés dans la partie intérieure, de sorte que chaque essayeur dispose d'un moufle. Pour suppléer au petit moufle placé en arrière dans l'ancien système, et qui était destiné à certaines opérations étrangères à la coupellation, nous avons fait construire nos moufles avec une profondeur suffisante pour y accomplir ce travail spécial, qui exige une température élevée et prolongée, sans nuire en rien au travail des essayeurs, le fond étant alors réservé à ces opérations.

« Le nouveau fourneau porte du reste, comme l'ancien, une bascule au moyen de laquelle l'opérateur peut, sans se déplacer, ouvrir ou fermer à volonté la porte du gueulard, afin de diminuer ou d'augmenter la température du moufle, selon le besoin. Dans ce dernier cas, il s'échauffe assez rapidement pour qu'il soit facile d'y fondre l'or fin et d'y décomposer la chaux carbonatée.

« Il est à remarquer que la consommation du coke dans cet appareil, dont les dimensions intérieures ont pu être réduites de beaucoup par suite de la nouvelle disposition donnée aux deux moufles, a diminué de près de moitié; elle n'est plus aujourd'hui en moyenne que de $\frac{1}{2}$ hectolitre pour quatre heures de chauffage, dans les conditions de travail ordinaire des essayeurs. »

(*Bulletin de la Société d'encouragement.*)

### SCORIFICATOIRES.

On nomme ainsi de petits creusets, de petits têts en erre réfractaire et recouverts ordinairement d'une légère couche de sanguine. On les emploie pour les essais des matières argentifères et cuivreuses.

## CAPSULES.

Pour les températures élevées, on emploie les capsules de platine et d'argent; dans les autres cas, on se sert des capsules en porcelaine.

Pour les évaporations des liqueurs, on se sert de capsules en porcelaine de différentes dimensions, et qui résistent d'autant mieux à la chaleur qu'elles sont plus minces.

## FILTRATION.

Pour filtrer on emploie un papier spécial, dit papier à filtre, qui ne doit pas donner de résidu notable par la calcination.

On place le filtre dans un entonnoir en verre peu évasé, de manière qu'il dépasse l'entonnoir de 1 millimètre environ. Les filtres se percent sous l'influence des liqueurs alcalines ou acides, lorsqu'elles sont trop concentrées ou chaudes. Il y a même des cas où on est obligé de remplacer le filtre en papier par une petite masse d'amiante ou de verre pilé placée dans l'entonnoir.

Dans les analyses grossières, au lieu du papier blanc à filtre, on emploie le papier gris dit buvard.

Les filtres donnent presque toujours un résidu par la calcination, et il est bon de faire un tableau du poids des cendres relatif à chaque dimension de filtre employé dans les laboratoires, pour éviter un calcul, lorsque, dans une analyse, on doit griller le filtre avec la substance qu'il a reçue.

Pour dessécher les filtres on emploie une étuve à 100 degrés ou un bain de sable. Dans certains laboratoires on dessèche de cette manière, en plaçant à côté de la capsule de porcelaine renfermant le filtre plié en deux un matras où l'eau doit toujours être maintenue en ébullition.

## COUPELLES.

La coupelle est un petit vase creux fait avec des os calcinés. Une bonne coupelle doit être blanche, ne pas se briser dans les pincettes, ne pas s'égrener facilement dans les doigts; elle doit résister à l'action du feu, c'est-à-dire ne pas se gercer. On se procure des coupelles chez des fabricants spéciaux, et nous croyons inutile d'indiquer leur préparation.

## CREUSETS.

Les creusets sont de plusieurs sortes.

Les creusets de terre, destinés à fondre les matières dont on veut séparer la partie métallique de la partie terreuse. Lorsque le creuset doit être soumis à la température des feux de forge, il doit être réfractaire. Il ne doit pas casser par le refroidissement, et, pour cela, la terre doit être à gros grain; on le reconnaît à la cassure du creuset.

Les meilleurs types de creusets d'essais sont ceux de Hesse.

On en fabrique à Paris qui sont aussi de bonne qualité.

Les creusets réfractaires sont formés de $\frac{1}{2}$ partie de sable quartzeux ou de débris de vieux creusets, et de $\frac{1}{2}$ partie d'argile.

La composition des creusets de Hesse est, d'après M. Berthier, la suivante :

| | |
|---|---|
| Silice.............. | 0,709 |
| Alumine............ | 0,248 |
| Oxyde de fer........ | 0,033 |

### CREUSETS DE PLOMBAGINE.

Ils résistent aux changements brusques de température.

### CREUSETS DE FONTE OU DE FER.

On les emploie spécialement pour les essais des matières plombeuses.

### CREUSETS EN PORCELAINE.

Ils ne supportent pas les changements brusques de température.

La couverte qui les recouvre est fusible au rouge vif.

### CREUSETS EN PLATINE.

Ils s'échauffent rapidement. Dans leur emploi il faut éviter les actions réductives, ainsi que la présence des sulfures, phosphures, arséniures et des alcalis, substances qui peuvent déterminer la fusion d'une partie du creuset.

### CREUSETS EN ARGENT.

Ils sont employés pour les attaques par les alcalis.

### CREUSETS POUR LES ESSAIS D'OR.

Ils sont faits avec de la terre de forge.

Ils ont ordinairement $0^m,035$ de diamètre à la partie supérieure, et $0^m,025$ à la base.

Ils doivent être très-unis et réfractaires.

### CREUSETS POUR LA FONTE DE L'OR ET DE L'ARGENT.

Ces creusets sont fabriqués en grand en Picardie et aussi à Paris. Les premiers sont, il est vrai, d'un prix beaucoup moindre, mais ils sont de beaucoup inférieurs aux seconds pour la qualité.

### BALLONS EN VERRE.

Les ballons servent à recueillir les liqueurs provenant des dissolutions et filtrations.

Ils sont à fond sphérique ou à fond plat.

Dans le second cas, ils peuvent très-bien aller sur le feu sans éclater. Les premiers, en général, résistent moins.

### MATRAS.

Les matras employés pour les essais d'or sont formés d'un réservoir ellipsoïdal terminé par un col de 15 à 20 centimètres de long, et de $0^{m},015$ de section.

### CISAILLES.

Elles sont destinées à couper en fragments les métaux à essayer.

### LIMES.

Les limes sont destinées à prendre, sur les portions du métal qu'on pèse, des parties très-petites, afin d'ajuster les pesées au $\frac{1}{4}$ de milligramme.

### BRUCELLES.

Ce sont de petites pinces à l'aide desquelles on manie les poids et les fragments qu'on pèse.

### TENAILLES A MACHOIRES.

Elles servent à serrer les boutons d'essais qu'on veut brosser.

### TAS D'ACIER.

Il sert à aplatir les boutons d'essais et à couper sur les lingots de petits fragments destinés à l'essai.

### LAMINOIR.

Le laminoir sert à réduire en feuilles minces les essais d'or.

### PINCETTES.

Les pincettes servent à manier les coupelles, à y porter les prises d'essais. L'écart des deux branches est limité par une petite pièce fixée à l'une d'elles, et dont l'autre extrémité passe dans une ouverture pratiquée dans la seconde ; cette extrémité porte en dehors une tête qui arrête l'écartement de la deuxième branche.

### GRATTE-BROSSE.

Le gratte-brosse sert à brosser le dessous du bouton d'essais, afin de lui enlever la poudre de coupelle et d'oxyde de plomb qui s'y attache. Il est fait en soies de sanglier assemblées en forme de cylindre et recouvertes de peau. Les soies dépassent de 1 centimètre environ.

# CHAPITRE II.

## DE L'EAU DISTILLÉE ET DES ACIDES EMPLOYÉS DANS LES ESSAIS.

Nous allons maintenant passer en revue les divers réactifs employés dans les essais par la voie sèche, et nous indiquerons les moyens de purification pour chacun d'eux.

### EAU DISTILLÉE.

Il est important, dans les lavages et les dissolutions, de n'employer que de l'eau parfaitement pure. Pour cela on a recours à la distillation.

L'appareil distillatoire dont on se sert est indiqué dans tous les traités de chimie; nous ne le décrirons donc pas.

Nous indiquerons seulement les procédés à employer pour reconnaître la pureté de l'eau.

Si l'eau ne renferme aucun chlorure, l'azotate d'argent ne doit pas y former de précipité.

Si elle ne contient pas de sel de chaux (qui ne peut s'y trouver qu'à l'état de bicarbonate), l'oxalate d'ammoniaque ne doit pas la troubler.

Enfin l'absence de sulfate sera rendue évidente si un sel soluble de baryte ne donne pas de précipité.

Telles sont les substances principales à rechercher dans l'eau qui doit servir aux essais.

## ACIDE AZOTIQUE. $Az\,O^6$.

L'acide azotique a été obtenu anhydre par M. Deville, en faisant réagir le chlore sur l'azotate d'argent. Il se compose de 1 équivalent d'azote et de 5 équivalents d'oxygène. Sa formule chimique est $Az\,O^5$.

Généralement on l'emploie hydraté.

L'acide monohydraté est incolore, rougit fortement la teinture de tournesol ; c'est l'un des oxydants les plus énergiques de la voie humide. Il colore la peau en jaune. Cette propriété de colorer les matières organiques est utilisée dans l'industrie des teintures. La densité de l'acide monohydraté est 1,510. A 86 degrés centigrades il est décomposé et donne lieu à des vapeurs jaunes d'acide hypoazotique ; cette décomposition continue jusqu'à 123 ; à partir de cet instant, l'acide distille intégralement, mais il contient 4 équivalents d'eau.

### PRÉPARATION.

On extrait cet acide de l'azotate de soude.

On pourrait aussi le tirer du nitre ou azotate de potasse ; mais, à poids égal, ce sel contient moins d'acide nitrique que l'azotate de soude, attendu que la potasse pèse plus que la soude, et d'ailleurs la différence des prix de ces deux sels est encore une seconde raison pour donner la préférence à l'azotate de soude.

Dans les fabriques on prépare l'acide nitrique en chauffant dans la fonte un mélange d'azotate de soude et d'acide sulfurique.

L'acide du commerce est impur ; il contient de l'acide sulfurique, des composés sous-oxygénés de l'azote, résultant de l'action de la fonte sur l'acide, de l'oxyde de fer, enfin des chlorures, bromures et iodures provenant de l'azotate de soude.

Pour purifier l'acide, on le soumet dans une cornue de verre à une température de 40 à 50 degrés. On volatilise ainsi les composés azotés, le chlore, le brome et l'iode, et on continue jusqu'à cessation des vapeurs rutilantes.

Ensuite on distille doucement après avoir adapté à la cornue une allonge qui se rend dans un récipient refroidi à + 8 ou 10 degrés. De cette manière, l'oxyde de fer et l'acide sulfurique restent dans la cornue, et l'acide en partie décomposé vient se condenser dans le récipient.

Ensuite, pour concentrer, on distille à deux ou trois reprises en présence d'un léger excès d'acide sulfurique. On obtient ainsi l'acide monohydraté $AzO^5, HO$, qui doit peser 1,510 et être parfaitement limpide.

La densité de l'acide azotique varie avec la quantité d'eau contenue. La table suivante, due à M. Thenard, indique ces variations :

| Densité. | Quantité d'acide réel rapportée à 100 parties en poids d'acide hydraté. |
| --- | --- |
| 1,513 | 85,7 |
| 1,498 | 84,2 |
| 1,470 | 72,9 |
| 1,434 | 62,9 |
| 1,422 | 61,9 |
| 1,376 | 51,9 |

L'acide azotique attaque presque tous les métaux; mais il est à remarquer que certains d'entre eux, tels que le fer, le cuivre, l'étain, qui sont attaqués par l'acide étendu, ne le sont pas par l'acide monohydraté. Ce fait est jusqu'ici inexpliqué.

L'étain ne donne pas de sel avec l'acide nitrique, mais un composé blanc insoluble, le bioxyde d'étain $Sn,O^2$.

L'acide azotique seul n'attaque ni l'or ni le platine; mais uni à l'acide chlorhydrique, il les dissout tous deux. La réunion de ces deux acides a reçu pour cela le nom d'*eau régale*.

### RECONNAISSANCE DE L'ACIDE NITRIQUE.

Pour reconnaître la présence de l'acide nitrique, il existe plusieurs procédés.

1° On traite la matière qu'on soupçonne en renfermer par l'acide sulfurique concentré, on chauffe, et on cherche à produire des vapeurs rutilantes.

2° On peut aussi placer la liqueur à essayer dans un matras avec de la tournure de cuivre et de l'acide sulfurique concentré. Le cuivre s'oxyde aux dépens de l'acide azotique s'il s'y trouve; il se forme des vapeurs nitreuses, et le sulfate de cuivre produit colore la liqueur en bleu; mais ce second caractère seul ne suffirait pas, car les cuivres du commerce contenant souvent de l'oxyde de cuivre, ce dernier, en s'unissant à l'acide sulfurique, produirait la coloration.

3° On peut encore verser la liqueur à essayer sur une face bien nette d'un cristal de couperose verte ou sulfate de protoxyde de fer : s'il y a de l'acide azotique, il forme une tache couleur de rouille.

### USAGE DE L'ACIDE AZOTIQUE.

L'acide azotique sert pour les essais d'or, de platine, d'étain. Dans l'industrie il a des usages très-variés : on l'emploie pour la fabrication des chlorures d'étain, le décapage des cuivres, la gravure, la dorure, pour les télégraphes, les amorces fulminantes, la fabrication de la poudre-coton, etc.

Tous les azotates sont solubles.

## ACIDE CHLORHYDRIQUE. HCl.

L'acide chlorhydrique est gazeux et incolore. Il répand à l'air des fumées blanches. Il provoque la toux quand il est respiré. Sa densité est 1,2474. Il se liquéfie sous une pression de 40 atmosphères, à la température de + 10 degrés centigrades. On n'a pu le solidifier.

L'eau en dissout 480 fois son volume.

L'eau saturée de ce gaz à la température de 0 degré donne un liquide dont la densité est 1,2109 et qui contient 6 équivalents d'eau. Si la dissolution est abandonnée à elle-même, elle s'étend et prend 12 équivalents d'eau.

Une dissolution chlorhydrique distillée s'étend de plus en plus ; à la fin son point d'ébullition s'arrête à 110 ; le liquide distillé intégralement, sa formule est alors HCl, 16HO.

On prépare l'acide chlorhydrique en traitant dans des cylindres de fonte un mélange de sel marin et d'acide sulfurique. L'acide produit est reçu dans des bonbonnes d'environ 200 litres. Les cylindres ont $0^m,66$ de diamètre, $0^m,06$ d'épaisseur et $1^m,35$ de long; ils sont chauffés par un même foyer. Le sel employé à la fabrication doit être impurifié, pour ne pas être soumis au droit du fisc. Sur 100 parties en poids de sel, il doit contenir 17 parties de sulfate de soude et 1 partie de charbon et de goudron.

Il en résulte que l'acide du commerce est très-impur et d'une couleur jaune.

Il peut contenir : acide sulfurique, sulfureux, chlore, composés sous-oxygénés de l'azote, chlorure de fer, matières organiques provenant de l'action de l'acide sur le lut des bonbonnes.

L'acide sulfureux existe rarement, car le chlore et les oxydes d'azote le font facilement passer à l'état d'acide sulfurique. Cependant, pour le reconnaître, on pourrait placer l'acide chlorhydrique dans une cornue de verre à laquelle on adapterait un tube plongeant dans une dissolution de potasse. En faisant ensuite passer du chlore dans cette dissolution, l'acide sulfureux deviendrait acide sulfurique, et on aurait alors du sulfate de potasse soluble. On chasserait l'excès de chlore par la chaleur, on étendrait la liqueur d'eau, et en versant du chlorure de baryum, on devrait obtenir un précipité blanc.

Pour reconnaître la présenee des oxydes d'azote, on verserait une goutte d'acide sur un cristal de sulfate de protoxyde de fer, et on devrait obtenir une tache couleur de rouille.

### PURIFICATION.

On fait passer l'acide sulfureux à l'état d'acide sulfurique en mettant digérer du bioxyde de manganèse dans l'acide impur. Ensuite on ajoute de la tournure de cuivre en excès, et, au bout de quelques jours, tous les agents oxydants sont décomposés.

On ajoute alors de l'acide sulfurique, afin de fixer les chlorures volatils de fer, manganèse et cuivre. Puis on distille avec précaution dans une cornue de verre dont on ne chauffe que le tour; on adapte à la cornue une allonge, puis à celle-ci un tube abducteur, sans employer ni lut ni bouchons, qui seraient attaqués. L'acide distillé est alors incolore et parfaitement pur. D'ailleurs il est plus ou moins concentré.

Pour vérifier la pureté de l'acide, on reconnaît d'abord s'il est oxydant en en prenant une petite portion et y plaçant une petite feuille d'or; s'il contenait des agents oxydants, l'or, se trouvant en présence d'une eau régale, serait dissous.

La présence de l'acide sulfurique se reconnaît en voyant si l'addition de chlorure de baryum donne un précipité blanc, la liqueur étant préalablement étendue d'eau.

Dans ce cas, on distille l'acide avec un peu de chlorure de baryum.

Tous les chlorures sont solubles, à l'exception de ceux d'argent, de mercure. Le chlorure de plomb est peu soluble à froid.

### RECONNAISSANCE DE L'ACIDE CHLORHYDRIQUE.

1° La présence de cet acide dans une liqueur est attestée par le précipité blanc qu'y forme un sel soluble d'argent.

2° S'il est à l'état libre, l'ammoniaque produit des fumées blanches épaisses, sensibles pour de très-petites quantités d'acide ; c'est ainsi que, pour reconnaître s'il y a des fuites dans un appareil où l'on prépare la dissolution chlorhydrique, il suffit d'approcher des tubes ou flacons une petite baguette trempée dans une dissolution d'ammoniaque dans l'eau.

### USAGES.

L'acide chlorhydrique sert dans les laboratoires à attaquer les métaux, à dissoudre l'or et le platine quand on l'unit à l'acide azotique, à précipiter la silice.

Dans l'industrie, ses emplois sont très-variés : il sert à extraire la gélatine des os, à fabriquer les chlorures décolorants, etc.

## ACIDE SULFURIQUE. $SO^3$.

L'acide sulfurique peut être obtenu sous plusieurs états. Lorsqu'il est anhydre, il est solide, en houppes blanches et soyeuses, fusibles à 26 degrés et volatiles à 30 degrés. Plongé dans l'eau, il produit un bruissement analogue à celui que donnerait un fer rouge. Sa densité est 1,97.

Sa composition en centièmes est la suivante : soufre 40, oxygène 60.

Sa formule chimique est $SO^3$

On obtient l'acide anhydre en distillant à 180 ou 200 degrés, dans une cornue en grès, de l'acide de Nordhausen.

La formule de cet acide est $2SO^3, HO$, de sorte qu'on peut le regarder comme formé d'acide anhydre $SO^3$ et d'acide hydraté $SO^3, HO$. Par la distillation l'acide anhydre passe dans un récipient maintenu à 8 ou 9 degrés.

## ACIDE SULFURIQUE DU COMMERCE, OU HUILE DE VITRIOL.

L'acide dont on se sert le plus souvent est hydraté. C'est un liquide incolore, inodore, oléagineux et très-corrosif. Sa densité est 1,84 à 20 degrés. Il marque 66 degrés à l'aréomètre de Beaumé. A 325 degrés il entre en ébullition. La distillation de l'acide sulfurique est accompagnée de soubresauts qui souvent brisent la cornue de verre dans laquelle on opère : en jetant dans celle-ci de petits fragments de platine, l'opération devient moins dangereuse. Le récipient dans lequel on recueille l'acide distillé ne peut être refroidi avec de l'eau, car, recevant un gaz à une température de 325 degrés, il serait infailliblement brisé. On se contente de l'éloigner suffisamment de la cornue.

L'acide sulfurique est décomposable par la chaleur rouge et donne lieu à de l'acide sulfureux $SO^2$ et de l'oxygène.

L'acide sulfurique, étant très-avide d'eau, désorganise les matières végétales. Une allumette qu'on y plonge s'y carbonise.

L'acide sulfurique attaque un grand nombre de métaux. L'or et le platine résistent à son action.

### PRÉPARATION.

On prépare l'acide sulfurique hydraté en mettant en présence de l'acide sulfureux, de l'acide azotique et de la vapeur d'eau, dans de vastes chambres de plomb.

L'acide produit contient du sulfate de plomb, des produits azotés, de l'arsenic, quelquefois du fer, des matières organiques. La couleur est brune ou noire. Il ne contient de l'arsenic que quand l'acide sulfureux provient du grillage des pyrites. Il n'y a aucun moyen pratique d'enlever l'arsenic, surtout quand il est en faibles proportions.

Pour purifier des autres matières, on concentre d'abord dans une cornue de plomb. On se débarrasse ainsi des produits azotés et organiques, et il ne reste plus dans l'acide que le fer et le plomb.

On distille alors dans une cornue de platine chauffée par la partie supérieure.

Quoique cet acide soit le plus énergique connu, on ne l'emploie pas le plus fréquemment dans les analyses parce qu'on ne peut le chasser qu'au rouge sombre; et de plus les dissolutions acides qui le contiennent percent facilement les filtres.

### RECONNAISSANCE DE L'ACIDE SULFURIQUE.

L'insolubilité du sulfate de baryte est un caractère bien marqué de cet acide et sert à en reconnaître de très-faibles portions. D'ailleurs, quand, pour le précipiter, on emploie le chlorure de baryum, il faut avoir soin d'étendre préalablement d'eau la liqueur, car ce chlorure est très-peu soluble dans les dissolutions acides concentrées, et donnerait lui-même un précipité qu'on pourrait attribuer à la présence de l'acide sulfurique.

### USAGES DE L'ACIDE SULFURIQUE.

Il sert, dans les essais, à séparer le platine de l'argent, à précipiter la baryte et le plomb.

Dans l'industrie, on s'en sert pour fabriquer les acides chlorhydrique, azotique, etc., pour l'affinage des métaux, les savons, les laques, le tannage, etc.

## HYDROGÈNE SULFURÉ ou ACIDE SULFHYDRIQUE. HS.

L'acide sulfhydrique est un gaz incolore, d'une odeur d'œufs pourris, soluble dans l'eau. Ce gaz est très-délétère. On le trouve en dissolution dans certaines eaux dites sulfureuses. Les matières animales en décomposition lui donnent naissance. Le chlore combat les effets vénéneux de ce gaz. Sa formule chimique est H S.

On le prépare en plaçant dans un matras en verre à fond plat des fragments de sulfure de fer. Le matras contient de l'eau. Un tube passe dans le bouchon et plonge dans l'eau. On verse par ce tube de l'acide sulfurique; un tube abducteur conduit le gaz.

### USAGES DE L'ACIDE SULFHYDRIQUE.

Il sert à précipiter certains métaux, le plomb, le cuivre, etc. L'acide qu'on emploie pour dissoudre le métal précipitable ne doit pas être oxydant, car autrement l'hydrogène sulfuré serait décomposé.

## EAU RÉGALE.

L'eau régale, ainsi nommée parce qu'elle dissout les métaux précieux, or et platine, se compose d'un mélange d'acides nitrique et chlorhydrique en proportions variables suivant l'usage qu'on veut en faire. Elle sert à l'essai à la pierre de touche, comme nous l'indiquerons plus loin.

# CHAPITRE III.

## RÉACTIFS BASIQUES ET SALINS EMPLOYÉS DANS LES ESSAIS.

### ESSAI ALCALIMÉTRIQUE DES POTASSES ET SOUDES DU COMMERCE.

### AMMONIAQUE OU ALCALI VOLATIL. $AzH^3$.

L'ammoniaque est un gaz incolore, d'une odeur piquante qui excite le larmoiement. L'eau en dissout environ 400 fois son propre volume. C'est à peu près le seul gaz qui soit alcalin et ramène au bleu la teinture rougie préalablement par un acide. L'acide chlorhydrique se combine facilement avec l'ammoniaque en donnant lieu à d'épaisses fumées blanches. La formule chimique est $AzH^3$. Sa densité est 0,596.

On se sert plus spécialement de la dissolution d'ammoniaque dans l'eau.

#### PRÉPARATION DU GAZ AMMONIAC.

On prépare l'ammoniaque en traitant le sel ammoniac ou chlorhydrate d'ammoniaque par la chaux vive. La réaction commence à froid. On place le sel ammoniac et la chaux dans un ballon qu'on chauffe sur un petit fourneau à main; un tube abducteur conduit le gaz sur le mercure.

Lorsqu'on veut avoir une dissolution d'ammoniaque dans l'eau, c'est-à-dire ce qu'on appelle *de l'ammoniaque*, on reçoit le gaz d'abord dans un flacon laveur contenant un lait de chaux destiné à absorber l'acide carbonique, puis ensuite dans une série de flacons contenant de l'eau distillée.

Les tubes qui amènent le gaz dans les flacons doivent plonger presque au fond.

## POTASSE. KO.

La potasse ou oxyde de potassium est le résultat de l'oxydation du potassium à l'air libre. Elle est très-avide d'eau. La potasse à un seul équivalent d'eau constitue ce qu'on appelle la *potasse caustique* ou *pierre à cautère.*

La potasse pure se prépare de la manière suivante :

On fait une lessive de cendres de bois, on évapore jusqu'à consistance sirupeuse dans une bassine de cuivre, on y verse un lait de chaux. La chaux s'empare de l'acide carbonique combiné à la potasse, on ajoute de la chaux jusqu'à ce que l'effervescence disparaisse. Ensuite on pousse l'évaporation jusqu'à ce qu'une goutte de la liqueur versée sur une plaque de marbre se fige promptement. Puis on porte dans une capsule d'argent, et on achève l'évaporation jusqu'à consistance sirupeuse; on coule ensuite sur du marbre, et on obtient la potasse en plaque. Elle contient en général plus d'un équivalent d'eau, et retient aussi un peu d'acide carbonique.

On nomme potasse à l'alcool celle qu'on obtient en versant de l'alcool absolu, ou du moins très-concentré, sur une dissolution de potasse. L'alcool s'empare de l'eau de la potasse; au bout d'un certain temps on décante la couche d'alcool et d'eau; la liqueur qui reste est une dissolution concentrée de potasse, qu'on évapore jusqu'à consistance sirupeuse et qu'on coule en plaques.

### POTASSE DU COMMERCE.

Il y en a de deux sortes : 1° celle de Russie, colorée en bleu par du manganate de potasse; 2° celle d'Amérique, qu'on nomme plus spécialement *perlasse* et qui est colorée en rouge par du peroxyde de fer.

Les potasses du commerce peuvent contenir :

| | |
|---|---|
| Soude, | Acide carbonique, |
| Chaux, | — sulfurique, |
| Magnésie, | — chlorhydrique, |
| Alumine, | — phosphorique. |
| Oxyde fer, | |

On détermine la valeur d'une potasse par le procédé alcalimétrique de Gay-Lussac.

Pour cela on cherche le volume d'une dissolution

titrée d'acide sulfurique monohydraté nécessaire pour saturer un volume donné de potasse.

On prend une burette à bec, divisée.

Supposons que dans 100 divisions de cette burette il y ait, par exemple, 5 grammes d'acide sulfurique monohydraté, cette quantité de 5 grammes saturant 4g,807 de potasse anhydre. Chaque division est un demi-centimètre cube; on ajoute assez d'eau à l'acide sulfurique pour remplir les 100 divisions.

On prend un poids P de potasse impure; on dissout dans l'eau en ajoutant quelques gouttes d'une dissolution de tournesol; on verse alors la liqueur titrée jusqu'à ce que la potasse soit neutralisée, ce qu'on voit au moment précis où la teinture de tournesol change de couleur. Soient $n$ le nombre des divisions qu'on a versées, et $x$ le poids correspondant de potasse anhydre.

$4^{g},807 \times \frac{n}{100} \times \frac{1}{P}$ représente le titre de la potasse, c'est-à-dire la quantité réelle de potasse anhydre qu'elle renferme; si on choisit $P = 4^{g},807$, alors le titre devient $\frac{n}{100}$.

Ce procédé exige beaucoup d'habitude.

### NITRATE DE POTASSE.

Le nitrate de potasse peut contenir :

Azotate de potasse,
— de soude,

Chlorure de potassium,
— de sodium,
Chaux,
Magnésie,
Acide sulfurique.

On se débarrasse de la chaux, de la magnésie et de l'acide sulfurique par cristallisation.

## SOUDE. Na O.

La soude a de grandes analogies avec la potasse. Néanmoins les sels de soude sont efflorescents, et ceux de potasse, au contraire, sont déliquescents. La soude a une densité moindre que la potasse.

La soude brute est généralement assez impure. Elle provient de l'incinération de végétaux.

Elle peut contenir :

| | |
|---|---|
| Sulfates, | Alumine, |
| Sulfures, | Chaux, |
| Chlorures, | Magnésie, |
| Sulfites, | Oxyde de fer. |

Pour en déterminer la valeur on emploie, comme pour la potasse, le procédé alcalimétrique, et le nombre 4,807 est remplacé par 3,892.

### CARBONATE DE SOUDE.

On peut se procurer le carbonate de soude presque pur.

### BORATE DE SOUDE OU BORAX. $NaO BoO^3$.

Le borax s'obtient par la réaction directe de l'acide borique sur le carbonate de soude. On l'obtient assez pur.

On emploie le borax dans la soudure de quelques métaux. Dans les essais par la voie sèche, ce sel, en fondant, dissout la plupart des oxydes métalliques. Sa fusion facile le rend très-utile dans la fabrication des émaux et la couverte des poteries.

### CHLORURE DE SODIUM. $NaCl$.

Le chlorure de sodium existe dans le sein de la terre à l'état de sel gemme. Il existe aussi dans les eaux de la mer : de là le nom de *sel marin*.

Par dissolution et cristallisation successives on arrive à le purifier assez pour les usages du laboratoire. Il sert à reconnaître l'argent par le précipité blanc caillebotté qu'il donne avec ses sels.

### CARACTÈRES QUI DISTINGUENT LES SELS DE POTASSE ET DE SOUDE.

Le chlorure double de potassium et de platine est insoluble dans l'alcool; le contraire a lieu pour le chlorure double de sodium et de platine. L'ammoniac présente le même caractère analytique que la potasse; mais la volatilité de l'ammoniac l'en distingue facilement.

Un morceau de chaux jeté dans une liqueur contenant cet alcali volatil la dégage et la fait reconnaître à son odeur.

*Tableau des degrés alcalimétriques marqués généralement par les potasses et soudes.*

| | | | | |
|---|---|---|---|---|
| Potasse d'Amérique ......... | de | 55 | à | 66 |
| — de Russie ........... | de | 52 | à | 58 |
| Cendres de bois neuf....... | de | 6 | à | 9 |
| Carbonate de soude ......... | de | 90 | à | 95 |
| Soude brute ............... | de | 30 | à | 40 |
| Soude de varech ............ | de | 2 | à | 3 |

# CHAPITRE IV

## CARACTÈRES DES PRINCIPAUX MÉTAUX USUELS.

### PROCÉDÉS D'ESSAI.

### FER. Fe éq. 339.

Le fer, par ses usages et le grand nombre de ses gisements, occupe le premier rang parmi les métaux usuels. Sa densité est 7,78; son équivalent, 339.

Il forme avec l'oxygène plusieurs composés :

Le protoxyde $Fe\ O$,

Le sesquioxyde $Fe^2\ O^3$,

L'oxyde magnétique $Fe^3\ O^4$,

L'acide ferrique $Fe\ O^3$.

Les réactifs les plus sensibles du fer sont :

1° Le sulfocyanure de potassium, qui donne dans une liqueur contenant des traces de fer une coloration rose, qui devient rouge quand le fer est en forte proportion ;

2° Le prussiate jaune de potasse, qui, dans une liqueur contenant le sesquioxyde de fer, donne une coloration bleu de Prusse.

### ESSAI DE FER PAR LA VOIE SÈCHE.

Lorsqu'on veut trouver rapidement la quantité de fer contenue dans un minerai, on pulvérise ce minerai et on le mélange avec un verre terreux (mélange de silice, alumine, chaux, fusible au blanc).

M. Berthier, en opérant sur un minerai siliceux et argileux, a employé le fondant suivant :

| | |
|---|---|
| Silice........... | 30 |
| Alumine......... | 20 |
| Chaux........... | 50 |

On emploie pour l'essai du fer un creuset brasqué.

Pour brasquer, on opère de la manière suivante :

On pile du charbon de bois, on passe au tamis, on humecte d'eau la poussière, de manière qu'elle puisse se pelotonner dans les mains sans y adhérer. On mouille le creuset légèrement, on y place de 1 à 2 centimètres de brasque, on tasse avec un pilon de bois, en frappant avec la main droite et tenant le creuset de la gauche, on marque sur les brasques ainsi tassées des raies avec un couteau pointu, on rajoute une deuxième couche de brasque qu'on bat de la même manière, on y marque également des raies, et ainsi de suite jusqu'à ce que le creuset soit plein. Ensuite on trace avec un poignard triangulaire une ouverture dans la brasque, à peu près de même force que le creuset, on polit les parois avec un tube de verre. La brasque doit avoir à peu près $0^m,02$ d'épaisseur au fond et $0^m,005$ sur les bords ; on met alors le mélange à essayer dans la cavité, on recouvre de brasque, on ferme avec un couvercle et on lute. Le bas du creuset est également luté sur un fromage.

Les fourneaux employés sont ceux à tuyère ou ceux à hautes cheminées ; ces derniers sont préférables, parce que la température y est plus uniforme. Il faut pouvoir aller graduellement jusqu'à 1,600 degrés.

Lorsque l'essai est fondu, on retire du feu, on laisse refroidir le creuset et l'on casse ; le culot de fonte séparé, on casse la scorie et on agite avec le barreau aimanté pour séparer les grenailles. On note l'apparence de la scorie.

Si elle est verte, elle indique la présence du protoxyde de fer, et l'opération est manquée. Il faut alors recommencer en augmentant la température et la dose du fondant.

Soit P la quantité de matières fixes contenues dans 100 grammes de minerai, quantité qu'on a déterminée préalablement par grillage dans le moufle.

Soit P′ la quantité de matières fixes contenues dans 100 grammes du fondant.

Soient F le poids de fonte, S celui de la scorie.

On admet que la fonte contient $\frac{1}{20}$ de carbone.

$P + P' - (S + \frac{19}{20} F)$, représente l'oxygène du peroxyde de fer.

D'ailleurs, ce poids résulte aussi de celui $\frac{19}{20}$ F, trouvé directement pour le fer; il en est les trente centièmes, de sorte que s'il n'y a pas concordance entre les deux poids d'oxygène trouvés, c'est qu'il y a dans la fonte d'autres métaux que le fer.

## CUIVRE. Cu éq. 395,70.

Le cuivre pèse 8,89; son équivalent est 395,70.

Pur, il est rouge, brillant, malléable et ductile, fusible à 1,100 degrés.

Il forme avec l'oxygène plusieurs oxydes :

L'oxydule $Cu^2O$, qu'on rencontre dans la matière cristallisée, est d'un beau rouge.

Le protoxyde $CuO$.

### CARACTÈRES DES SELS DE CUIVRE.

L'hydrogène sulfuré, dans une dissolution acide d'un sel de cuivre, donne un précipité noir.

Le prussiate rouge, dans les sels d'oxydule de cuivre, donne un précipité brun-rouge très-volumineux et sensible pour les traces de cuivre.

L'iodure de potassium donne un précipité blanc insoluble dans l'acide chlorhydrique.

Le cuivre est précipité à l'état métallique par le fer et le zinc.

### ESSAI PAR LA VOIE SÈCHE.

Si le minerai est sulfuré, on le grille pour ramener les métaux à l'état d'oxydes. Le grillage se fait dans un scorificateur enduit de sanguine. On est souvent obligé, après le premier grillage, de pulvériser la matière et de recommencer une seconde opération.

Dans les usines d'Allemagne on grille dans un têt; après dix à quinze minutes, on retire le têt et on y jette de la poussière de charbon de bois, et l'on répète ainsi plusieurs séries d'oxydations et de réductions, jusqu'à ce qu'on soit sûr d'avoir chassé tout le soufre.

Supposons donc que le minerai à essayer soit oxydé.

On fait l'essai en général sur 10 grammes ou plus, suivant que le minerai est plus ou moins riche. En général, il faut toujours pouvoir retirer au moins 1 gramme de cuivre.

On mélange avec 30 à 40 grammes de carbonate de soude et 4 à 5 grammes de charbon de bois pulvérisé. Le mélange est placé dans un creuset de terre : il est bon de placer au-dessus une couche de chlorure de sodium.

La matière ne doit remplir qu'environ la moitié du creuset. On ferme avec un couvercle qu'on lute en ménageant des ouvertures.

La matière doit rester environ vingt minutes en fusion.

On retire le creuset du feu, on laisse refroidir, on casse le creuset, et si la scorie ne renferme pas de grenailles, le culot étant brossé, on le pèse et on a ainsi la teneur en cuivre.

Le cuivre, s'il est pur, ne doit pas se gercer sur les bords par le choc du marteau, sinon le cuivre contient du fer.

Dans les usines d'Allemagne, on fait l'essai de cuivre sous le moufle.

On commence d'abord par griller à plusieurs feux, dans un têt enduit de sanguine, une quantité de minerai, qui peut varier suivant la teneur en cuivre. Après plusieurs séries d'oxydations et de réductions, on donne un coup de feu pour achever de décomposer le sulfate de cuivre et les sulfates des autres métaux. On retire la matière ainsi grillée, on la pulvérise et on y ajoute dix à quinze fois son poids d'un mélange qui pour 100 parties en poids de carbonate de potasse purifié contient 10 à 15 parties de farine de froment ou de riz; enfin on ajoute du borax ou du verre pilé en proportions variables avec la quantité des gangues terreuses du minerai.

Toutes ces substances sont broyées et mélangées intimement dans un mortier, puis placées dans un creuset rempli à moitié environ; au-dessus de l'essai on place une petite couche de chlorure de sodium et un petit morceau de charbon pour empêcher l'action oxydante de l'air.

On porte ensuite le creuset fermé par son couvercle dans le moufle, on chauffe vingt-cinq à trente minutes à haute température; on retire le creuset, on le laisse refroidir et on casse.

Ensuite, le cuivre obtenu est placé avec un peu de borax dans un têt plat et placé dans le moufle d'un fourneau de coupelle. Souvent on ajoute du plomb aux cuivres qui n'en contiennent point. Quand le cuivre est fondu, on éloigne la porte du moufle, jusqu'à ce que le cuivre fasse l'éclair, ce que l'on reconnaît quand, tout bouillonnement cessant dans le bain métallique, sa couleur passe au bleu vert.

Aussitôt l'éclair produit, le têt est enlevé, et dès que le bouton est figé, on le jette dans l'eau, on lave, on sèche et on pèse.

Le culot de cuivre obtenu ne donne pas toujours la véritable teneur en cuivre du minerai. Pour l'obtenir, on prend le culot ou une portion du culot et on le dissout dans l'acide chlorhydrique additionné de quelques gouttes d'acide nitrique. Pour favoriser la dissolution, on chauffe légèrement; quand tout est dissous, on achève de chasser l'acide azotique par la chaleur. On filtre la dissolution, on la verse dans une capsule de porcelaine. On y place un barreau de fer bien décapé, et on chauffe à 70 ou 75 degrés.

Le cuivre se dépose, il y a dégagement d'hydrogène. L'opération est d'autant plus rapide que la liqueur est plus acide.

L'opération est terminée quand la liqueur est complétement décolorée et qu'il ne se dépose plus de cuivre sur une lame de fer décapée.

On laisse alors digérer quelque temps le fer dans la liqueur acide, et lorsque le dégagement d'hydrogène a cessé, on décante, on lave par décantation, on jette sur un filtre, on sèche, on sépare la poussière du papier et l'on pèse le cuivre à l'état métallique.

Ce procédé présente quelques inconvénients : le cuivre divisé et imprégné d'acide s'oxyde en partie et forme un sel qui se dissout; enfin, le cuivre pesé à l'air s'oxyde; de sorte que l'on a d'abord une perte en cuivre qui reste dissous dans la liqueur, et ensuite une augmentation de poids. Les deux causes d'erreur sont en sens contraire, mais on ne peut les annuler complétement : aussi ce procédé exige-t-il beaucoup d'habitude.

### DEUXIÈME PROCÉDÉ.

On transforme la dissolution acide de cuivre en dissolution ammoniacale ne renfermant aucune substance oxydante. On la place dans une fiole qu'on remplit, on y plonge un barreau de cuivre de poids connu, on bouche hermétiquement. Le cuivre agit sur l'oxyde de cuivre $CuO$ de la dissolution et la ramène à l'état d'oxydule $Cu^2O$.

Au bout de douze à quinze jours l'opération est terminée.

La diminution de poids du barreau de cuivre lavé et séché donne la quantité de ce métal contenue dans la dissolution soumise à l'essai.

On opère ordinairement sur 2 grammes de cuivre.

Ce procédé est exact, mais son emploi est assez restreint à cause de la lenteur de la réaction.

## ESSAI DES MINERAIS PAUVRES.

1° Pour essayer les scories de cuivre très-pauvres, M. Leplay a proposé le procédé suivant :

On choisit plusieurs flacons à l'émeri de même dimension, de même teinte et placés dans des conditions égales de lumière ; on met dans ces flacons des dissolutions contenant depuis 0,001 jusqu'à 0,01 de cuivre. Les colorations diverses qu'on obtient servent de témoin pour reconnaître à un millième près la teneur en cuivre d'une scorie.

Pour cela, on obtient une dissolution ammoniacale de la substance à essayer, et on l'amène au volume du flacon. La teinte permet de comprendre cette liqueur entre deux des liqueurs successives de la série.

2° Dans les usines d'Autriche, on fond à la coupelle 2 à 3 grammes du minerai pauvre avec du plomb ; l'oxyde de cuivre formé laisse une coloration sur la coupelle. On a préalablement coloré des coupelles avec des culots plombeux contenant de 0,001 à 0,01 de cuivre : ces coupelles permettent donc de connaître à un milligramme près la teneur en cuivre.

### REMARQUE.

Dans l'essai au creuset par la voie sèche, au lieu du fondant indiqué précédemment, on emploie souvent le flux noir (mélange d'une partie de nitre et deux de bitartrate de potasse).

Il est plus exact d'employer 10 grammes de minerais, 15 de soude, 40 à 50 grammes de carbonate de soude et le fer comme réductif. Le fer est appliqué à l'intérieur et maintenu avec du lut, de manière à ne pas plonger dans le culot.

Pour les minerais très-pauvres, on opère sur 50 ou 100 grammes. On fait une fonte pour matte. On mélange, par exemple, 100 grammes de minerais avec 120 à 150 de borax, 10 à 15 de pyrite de fer. On place dans un creuset brasqué.

On fait fondre, on casse ensuite le creuset, on pulvérise et grille la matte, et on continue comme on l'a indiqué précédemment.

## ZINC. Zn éq. 400.

Le zinc a pour densité 7,1; son équivalent est 400. C'est un métal blanc, brillant. Il est malléable et ductile vers 140 degrés. Il fond vers 410 degrés, il se volatilise au rouge.

Les minerais de zinc se rapportent à deux types principaux : la calamine ou carbonate, et la blende ou sulfure. Ce dernier minerai se présente sous les aspects les plus variés, et c'est souvent par des propriétés négatives qu'on peut reconnaître, à la vue, un échantillon de blende.

### CARACTÈRES DES SELS DE ZINC.

Les alcalis fixes et l'ammoniaque donnent, dans les sels de zinc, un précipité blanc soluble dans un excès du réactif.

Le prussiate de potasse donne un précipité blanc.

L'hydrosulfate d'ammoniaque donne un précipité blanc gélatineux.

### ESSAI PAR LA VOIE SÈCHE.

On peut opérer à une température moyenne ou à celle des essais de fer.

Dans le premier cas on mélange ce minerai avec 15 à 20 p. 100 de charbon, on tasse dans un creuset et on chauffe à blanc. Lorsqu'il ne se dégage plus de fumées de zinc, on retire le creuset du feu, on pulvérise et on grille, s'il y à lieu, le charbon qui reste. La perte de poids de la substance employée, supposée desséchée avant l'introduction dans le creuset, donne le zinc. Il est d'ailleurs nécessaire de doser d'abord les substances volatiles du minerai.

Ce mode d'essai est assez inexact à cause de l'incertitude de l'état d'oxydation du fer.

Lorsqu'on opère à haute température, on fond avec

un fondant capable de former avec le minerai un composé fusible.

Le creuset est brasqué.

On calcine un poids $m$ de minerai.

Soit $n$ le résultat de la calcination.

Soit $r$ le poids de fondant fixe employé.

Après avoir cassé le creuset, on obtient un poids $s$ de scorie et un autre $f$ de fonte. On admet que la fonte tient $\frac{1}{20}$ de carbone, on en déduit le fer, et par suite l'oxygène qui en est les 0,30 à peu près. Soit $f'$ le poids du fer.

La différence $n + r - (f' + s)$ représente le zinc, et on obtient le poids des matières terreuses et irréductibles mêlées à l'oxyde de zinc en retranchant du poids $s$ de scorie le poids $r$ du fondant fixe.

### REMARQUE.

Le procédé d'essai du zinc par la voie sèche est assez souvent inexact. Dans la plupart des cas on doit doser le zinc par voie humide.

### ZINC DU COMMERCE.

On a quelquefois à y chercher le soufre, le plomb, le fer et l'arsenic.

Pour rechercher et doser le plomb, on attaque 1 à 2 grammes par l'acide hydrochlorique, on fait arriver de l'hydrogène sulfuré, on étend progressivement d'eau:

un précipité noir accusera la présence du plomb. Ce précipité contenant toujours du zinc, on le lave, on traite par l'acide sulfurique, on chauffe au rouge sombre. Ensuite on laisse refroidir et on reprend par l'eau.

Le sulfate de plomb est alors insoluble ; on place dans une capsule de porcelaine, on lave par décantation à plusieurs reprises, on chauffe lentement jusqu'au rouge sombre : l'augmentation de poids de la capsule donne le sulfate de plomb.

Pour reconnaître le fer, on prend la liqueur sulfhydrique d'où l'on a séparé le plomb, on sature l'hydrogène sulfuré par l'ammoniaque. Si la couleur du précipité montre que le fer est en proportion notable, on filtre, on lave, sépare du filtre et traite par l'acide hydrochlorique ; on peroxyde le fer en versant un peu d'acide azotique, on chauffe pour chasser l'excès d'acide nitrique, puis on précipite par l'ammoniaque. On laisse digérer le précipité à chaud pendant sept à huit heures, on lave par décantation, on jette sur un filtre, on lave sur le filtre à l'eau chaude, on sèche, on détache du papier qu'on brûle, on réunit les cendres à celles qu'on obtient après avoir chauffé au rouge le précipité dans une capsule de porcelaine sous le moufle. On prend les 0,70 du poids obtenu et on a le poids du fer.

## ÉTAIN. Sn éq. 735,29.

L'étain a pour densité 7,30; son équivalent est 735,29. C'est un métal blanc, mou et malléable. Lorsqu'on ploie l'étain, il fait entendre un bruit particulier nommé *cri* de l'étain. Il fond à 228 degrés, mais il n'est pas sensiblement volatil. Tous les alliages d'étain ont une densité supérieure à la sienne.

Il forme avec l'oxygène plusieurs oxydes, l'oxyde d'étain $SnO$ et l'acide stannique $SnO^2$.

Le minerai d'étain le plus répandu est l'oxyde d'étain. Il est presque toujours accompagné d'oxyde de fer, quelquefois de pyrite cuivreuse arsenicale et de galène. Sa gangue est ordinairement quartzeuse.

L'oxyde d'étain est précipité par l'acide azotique. Le précipité passe facilement à travers les filtres.

### ESSAI PAR LA VOIE SÈCHE.

On peut le faire à basse ou à haute température, c'est-à-dire au rouge vif ou à la température des essais de fer.

On emploie dans les deux cas un creuset brasqué. Dans le premier on prend ordinairement 10 grammes de carbonate de soude, ou un mélange en parties égales de carbonate de soude et de borax. Le creuset n'est pas fermé et la brasque ne recouvre pas la matière; on laisse en fusion 20 à 25 minutes, on laisse refroidir le creuset, on le casse, et le culot obtenu contient presque toujours du fer provenant du minerai.

On traite alors le culot par l'acide nitrique ; le fer est dissous, l'étain reste insoluble ; on laisse digérer le précipité à une douce chaleur, on jette sur un filtre, on lave avec précaution, on sèche le filtre, on détache du filtre, on calcine et on grille le filtre à part, on réunit les deux poids obtenus et on a ainsi l'étain à l'état de l'oxyde.

### ÉTAIN DU COMMERCE.

On doit rechercher dans l'étain du commerce, le cuivre, le plomb, le zinc, et l'antimoine.

Le zinc peut être dosé approximativement par la voie sèche ; on peut le faire aussi plus exactement par la voie humide.

Pour doser le cuivre et le plomb on traite par l'acide nitrique, on chauffe, évapore à sec et reprend par l'eau ; on filtre, on sèche et on pèse. La poudre obtenue doit être blanche, s'il y a absence de fer.

La liqueur filtrée est évaporée à siccité, puis calcinée dans une capsule de platine. On reprend par l'acide nitrique, on précipite le plomb par l'acide sulfurique, et ensuite le cuivre par une lame de fer décapée.

Pour reconnaître qualitativement la présence du cuivre on attaque 10 grammes par l'eau régale, on sature la liqueur acide par l'ammoniaque et on concentre ; c'est à la coloration bleue qu'on reconnait le cuivre.

L'étain contient *quelquefois du soufre. Pour en reconnaître* la présence, on traite par une eau régale assez chlorhydrique pour dissoudre l'étain. On étend d'eau, on ajoute de chlorure de baryum, on observe s'il se forme un précipité immédiat. Dans ce cas, on peut être certain de la formation du sulfate de baryte, et par suite de la présence du soufre dans l'étain.

OBSERVATION.

*Avant de traiter par voie sèche* un minerai d'étain, il est nécessaire d'attaquer par l'eau régale pour éliminer les sulfures qui, sans cette précaution, resteraient dans le culot métallique.

## *BISMUTH. Bi éq.* 887.

Le bismuth est un métal d'un blanc rosé cristallisable. Il fond à 264 degrés, mais ne peut être distillé. Il s'oxyde à l'air et donne lieu à l'oxyde $Bi^2O^3$. Les sels d'oxyde de bismuth sont très-instables. Son équivalent est 887 ; sa densité, 9,5. L'acide bismuthique $Bi^2O^5$ n'a pas été encore parfaitement étudié.

Le bismuth se trouve dans la nature à l'état natif, accompagné ordinairement d'oxyde de bismuth, d'arsenic et de fer.

On rencontre aussi le sulfure de bismuth, contenant sélénium, tellure, plomb, fer, cuivre et argent.

### CARACTÈRES DES SELS DE BISMUTH.

Les sels acides de bismuth étendus d'eau et chauffés laissent déposer un précipité blanc.

Les carbonates alcalins donnent également un précipité blanc.

Le prussiate jaune de potasse précipite en blanc.

Le prussiate rouge donne un précipité blanc jaunâtre.

Ces deux précipités *sont insolubles dans l'acide chlorhydrique.*

L'hydrogène sulfuré donne un précipité noir dans les dissolutions étendues et ne contenant pas de matières oxydantes.

Les métaux tels que le fer, le zinc, l'étain précipitent le bismuth sous forme de poudre grise.

### ESSAI PAR LA VOIE SÈCHE.

On peut, pour le bismuth, suivre la même méthode d'essai que pour le plomb.

On prend, par exemple, pour 10 grammes de la substance à essayer, 25 à 30 grammes de flux noir.

## ANTIMOINE. Sb éq. 806,45.

L'antimoine a pour densité 6,702; c'est un métal blanc, brillant, cassant, fusible vers 430 degrés; il brûle à l'air libre, sans flamme, en répandant des fumées blanches. Il forme avec l'oxygène plusieurs oxydes, l'oxyde $Sb^2O^3$, l'acide antimonique $Sb^2O^5$.

Le premier est blanc, distillable et facilement réduit par l'hydrogène et le carbone au rouge. Ses dissolutions sont décomposées quand on les étend d'eau ou qu'on les chauffe.

L'acide antimonique, lorsqu'il est fraîchement préparé, est soluble dans les acides chlorhydrique et sulfurique. Desséché vers 200 degrés, il perd cette propriété.

Dans la nature, l'antimoine se trouve à l'état d'oxyde, d'oxysulfure, de sulfure. Le sulfure contient souvent zinc, fer et plomb. Enfin l'antimoine accompagne souvent les minerais d'argent, tels que le sulfure, l'argent rouge.

## CARACTÈRES DES SELS D'ANTIMOINE.

L'eau détermine un précipité blanc dans les sels d'antimoine; cette action n'a pas lieu en présence d'un acide organique.

L'hydrogène sulfuré donne un précipité rouge jaunâtre.

L'hydrosulfate d'ammoniaque donne également un précipité, mais celui-ci disparaît dans un excès du réactif; l'acide chlorhydrique détermine un précipité dans cette dissolution.

L'étain, le zinc, le fer précipitent l'antimoine de ses dissolutions.

### ESSAI PAR LA VOIE SÈCHE.

Lorsqu'on a à essayer un minerai oxydé, on en prend de 10 à 30 grammes, suivant la teneur plus ou moins grande en antimoine, et on mélange avec son poids de carbonate de soude 3 à 5 grammes de charbon. On place dans un creuset, on chauffe au rouge. Au bout de 15 à 20 minutes, on retire du feu, on laisse refroidir le creuset, on le casse. Le culot obtenu, étant brossé et pesé, donne l'antimoine contenu. La perte par la volatilisation est souvent assez grande, elle est d'ailleurs proportionnelle à la durée de l'épreuve.

Pour les minerais sulfurés on emploie comme réductif l'action combinée de 5 grammes de charbon à celle d'une lame de fer. On opère sur 10 grammes de minerai.

## MERCURE. Hg éq. 1285,82.

Le mercure est le seul métal connu qui soit liquide à la température ordinaire. Sa densité est 13,59 ; son équivalent, 1285,82. Il est couleur blanc d'argent, inodore, insipide, se solidifie à — 40 degrés, et devient alors malléable. Il est volatil à 350 degrés.

Il forme avec l'oxygène deux composés, l'oxydule $Hg^2O$ et le bioxyde $HgO$ ou oxyde rouge, tous deux facilement décomposés par la chaleur.

### CARACTÈRES DES SELS DE MERCURE.

La chaux, la potasse et la soude, sous l'action d'une chaleur rouge, décomposent les sels de mercure, et celui-ci passe à l'état métallique.

Un sel d'acide de mercure blanchit une lame de cuivre ; cette couleur disparait par la chaleur, le mercure se volatilisant.

### ESSAI PAR LA VOIE SÈCHE.

Les minerais les plus ordinaires du mercure sont le sulfure ou cinabre, le séléniure et le chlorure. La gangue ordinaire est un schiste bitumineux.

Pour faire l'essai d'un pareil minerai, on emploie une cornue en verre à long col, préalablement lutée; dans le col s'engage un tube abducteur qui lui est relié par un bouchon luté, et qui débouche dans l'eau.

Le minerai pulvérisé est placé dans la cornue avec de la chaux caustique. Suivant que le minerai est plus ou moins riche, on en prend 5 à 15 grammes qu'on mélange avec 20 à 50 grammes de chaux.

La cornue est portée au rouge vif pendant 25 à 30 minutes jusqu'à ramollissement du verre. On casse alors le col de la cornue avec un morceau de fer mouillé ou simplement une goutte d'eau, et on recueille le mercure qui s'est condensé dans l'eau. On le lave avec une dissolution étendue d'acide chlorhydrique, on dessèche dans une capsule de porcelaine, et on pèse.

### PLOMB. Pb éq. 1294,50.

Sa densité est 11,55 ; son équivalent, 1294,50. C'est un métal d'un blanc bleuâtre, brillant, mou, fusible à 320 degrés, et volatil au rouge vif.

Il forme avec l'oxygène plusieurs oxydes, le protoxyde, le bioxyde ou acide plombique.

Le minerai de plomb le plus plus répandu est le sulfure ou galène. Ce minerai n'est jamais pur, il contient presque toujours de l'argent appréciable par voie sèche. Il est aussi ordinairement allié à d'autres sulfures : la blende, la pyrite de fer, le cuivre gris, le sulfate de baryte, la dolomie, le quartz et le spath fluor.

#### CARACTÈRES DES SELS DE PLOMB.

Le caractère le plus saillant est la précipitation par l'hydrogène sulfuré dans une liqueur chaude qu'on étend progressivement d'eau froide.

#### ESSAI PAR LA VOIE SÈCHE.

Dans les usines où il est nécessaire d'opérer promptement, on emploie comme fondant le flux noir, ou bien un mélange de carbonate de soude et de potasse du commerce. Ordinairement on prend, pour une partie de minerai, 3 à 4 parties de fondant, on remplit le creuset à moitié et on met au-dessus de la matière une légère couche de sel marin.

Suivant la richesse en plomb, on opère sur 10, 15 et même 150 grammes du minerai.

Le procédé d'essai qui donne le meilleur résultat consiste à prendre pour 10 grammes du minerai 30 à 35 grammes de carbonate de soude, et 10 à 15 grammes de soude caustique.

Le creuset est rempli à moitié, placé dans un petit fourneau chauffé au charbon de bois, on agite la matière fondue avec une lame de fer, qui sert de réductif.

On peut encore opérer dans un creuset de fer. L'inconvénient de ce procédé est que souvent le creuset est attaqué par les sulfures et quelquefois percé.

Dans le cas du creuset de fer, la matière fondue est coulée dans un moule hémisphérique d'où on la détache après refroidissement.

### ESSAI DES MINERAIS PLOMBLEUX AU MOUFLE.

On prend en général 10 grammes de minerai qu'on mélange avec 2 à 3 parties d'un mélange tenant 100 parties de carbonate de soude et 10 à 15 parties de farine de seigle ou de froment ; on ajoute un morceau de fil de fer de $\frac{1}{2}$ à $\frac{3}{4}$ de centimètre de long et autant d'épaisseur ; lorsqu'il y a beaucoup de gangues terreuses, on ajoute du borax dans les proportions variables et l'on recouvre le tout d'une couche de sel marin. On place la matière dans un creuset rempli à moitié, recouvert d'un couvercle.

On place dans le moufle; au bout de 15 à 20 minutes, on retire du feu, on laisse refroidir, on casse le creuset, on détache le bouton, on l'aplatit au marteau, on le lave, on le brosse, on sèche et on pèse.

Le minerai sulfuré subit préalablement une série d'opérations, de réductions et d'oxydations, avant d'être soumis à la fusion au creuset.

### ESSAI POUR ARGENT.

Lorsque le minerai plombeux doit être essayé pour argent, on peut employer la méthode de scorification. On prend en général 10 grammes de minerai, on ajoute quatre à cinq fois son poids de plomb pur et plus ou moins de borax, suivant la proportion des gangues terreuses. Le mélange est placé dans un têt enduit de sanguine, on place dans le moufle, on ferme la porte, on chauffe 15 à 30 minutes, ensuite on ouvre un peu la porte du moufle, et on maintient 10 à 15 minutes cette température plus basse. La litharge se forme, absorbe les oxydes métalliques. La scorie recouvre le bain métallique. L'argent se concentre dans le plomb. On enlève le têt du moufle quelques minutes après que la scorie a recouvert tout le bain métallique, on verse la matière en fusion dans un trou sphérique percé dans une plaque de fonte qui en contient autant que le moufle peut tenir de têts.

Lorsque la masse est refroidie, on sépare la scorie à coups de marteau. Le plomb d'œuvre est lavé, afin d'être débarrassé des dernières portions de scories. Il est ensuite soumis à la coupellation, opération que nous décrirons plus tard.

La plupart des essais de plomb sont suivis de l'essai pour argent que l'on fait par coupellation.

Or, lorsque le culot obtenu est trop considérable, la coupellation est trop longue.

Pour obvier à cet inconvénient, après avoir obtenu un poids P de plomb par la méthode ordinaire, on recommence un essai par voie sèche, en employant du carbonate de soude et du nitre, sans réduire par le fer, et de manière à n'obtenir qu'un poids $\frac{P}{2}$ de plomb.

Pour cela on observe que 1 partie de nitre oxyde 3 parties de plomb, de sorte que, pour obtenir un culot pesant $\frac{P}{2}$ et par suite pour oxyder l'autre moitié $\frac{P}{2}$, il faut employer un poids de nitre égal à $\frac{P}{6}$.

De cette manière la coupellation sera plus facile.

Lorsqu'on essaye des minerais pauvres, il faut ajouter de la litharge, de manière à être certain de rassembler bien l'argent dans le culot métallique, sans produire de grenailles. Le fondant qui vaut le mieux, dans ce cas, est un mélange de 60 à 70 grammes de carbonate de soude, 10 à 15 de soude, 1 à 2 grammes de charbon de bois pour 50 grammes de minerai.

### ARGENT. Ag. éq. 1352.

L'argent est un métal blanc, brillant, ductile et malléable; sa densité est 10,47.

Il fond à 1000 degrés. Il est plus dur que l'or, mais moins que le cuivre. Il est sensiblement volatil.

L'argent fondu produit souvent le phénomène du rochage, qu'on évite en le refroidissant lentement.

L'argent en fusion absorbe l'oxygène, qui s'échappe avec projection du métal quand le refroidissement est trop brusque.

L'oxygène de l'air et de l'eau aérée n'oxyde pas l'argent, et c'est là une des conditions que doit remplir un métal précieux.

Les acides azotique et sulfurique dissolvent l'argent.

L'acide chlorhydrique le précipite à l'état de chlorure.

L'argent forme, avec l'oxygène, un oxyde AgO.

On l'obtient à l'état de poudre vert-olive, en précipitant par la chaux l'azotate d'argent.

Lorsqu'on traite par l'ammoniaque l'oxyde d'argent, de manière à avoir une bouillie liquide, qu'ensuite on abandonne le mélange à lui-même pour laisser évaporer l'eau, et qu'enfin on dessèche doucement, on obtient un corps brunâtre qui, par le plus léger frottement, détone avec violence, par suite de la réduction de l'argent déterminée par l'affinité de l'oxygène de l'oxyde pour l'hydrogène de l'ammoniaque.

Le chlorure d'argent, qui, fraîchement préparé, est blanc, passe au gris, puis au noir, sous l'influence des rayons solaires. Il est soluble dans l'ammoniaque. Il fond à 260 degrés, est très-volatil ; il traverse les creusets de terre.

### MINERAIS D'ARGENT.

On rencontre l'argent à l'état natif ;

A l'état de sulfure, accompagné, ordinairement, de galène ;

A l'état de sulfure double d'argent et d'antimoine.

Ensuite viennent le cuivre gris, la bournonite, l'argent antimonié, arsénié, chloruré, iodé, bromé ; enfin on trouve des amalgames d'argent unis à des gangues, qu'on utilise pour le traitement.

On traite les galènes pour argent, quand elles tiennent au moins 10 grammes aux 100 kilogrammes. La galène de Bleyberg (Carinthie) est à peu près la seule qui ne contienne pas d'argent.

### CARACTÈRES DES SELS D'ARGENT.

Les alcalis fixes donnent, dans les sels d'argent, un

précipité brun verdâtre, insoluble dans les excès du réactif.

L'ammoniaque redissout ce précipité.

Le phosphate de soude donne un précipité jaune.

Le phosphate de soude bibasique donne un précipité blanc.

L'hydrogène sulfuré, dans une dissolution étendue, donne un précipité noir.

L'acide chlorhydrique et les chlorures solubles donnent, dans une dissolution nitrique d'argent, un précipité blanc insoluble dans un excès du réactif, mais qui se redissout dans l'ammoniaque.

L'iodure d'argent est presque insoluble dans l'ammoniaque.

Le sulfate d'argent n'est pas complétement insoluble dans l'eau, mais il est très-soluble dans l'acide sulfurique.

Presque tous les métaux précipitent l'argent de ses dissolutions.

En frottant un sel soluble, mais humecté, sur une lame de zinc, on peut le décomposer.

L'argent pur du commerce contient de 95 à 96 p. 100 d'argent. L'argent impur coupellé et non raffiné contient 90 à 92 pour 100 d'argent.

Les monnaies d'argent sont au titre de 900.

La vaisselle tient 950 d'argent pour 50 de cuivre.

Les bijoux sont au titre de 800, ou deuxième titre.

Les soudures tiennent de 120 à 330 de cuivre pour 880 à 670 d'argent.

### SOUDURES D'ARGENT.

*Soudure au 6.*

| | |
|---|---|
| Argent 1er titre | 50 |
| Cuivre jaune | 10 |

*Soudure au 4.*

| | |
|---|---|
| Argent 1er titre | 50 |
| Cuivre jaune | 16,67 |

*Soudure au 3.*

| | |
|---|---|
| Argent 1er titre | 50 |
| Cuivre jaune | 25 |

### OR. Au éq. 1243.

L'or est un métal jaune, ductile, malléable, fusible vers 1150 degrés. Sa densité est 19,3 ; son équivalent, 1243.

Il n'est attaqué que par l'eau régale, inoxydable à l'air.

Il forme, avec l'oxygène, deux oxydes $Au^2O$, $Au^2O^3$, qui sont tous deux très-instables.

Le seul sel d'or qui ait de la stabilité est le chlorure $Au^2Cl^3$.

Le chlorure d'or est précipité par les alcalis; le précipité est brun ; il se redissout dans un excès du réactif.

L'hydrogène sulfuré précipite en noir le chlorure d'or.

Le chlorure d'antimoine précipite l'or à l'état métallique.

En mélangeant les deux chlorures d'étain, on obtient dans un sel d'or un précipité nommé *pourpre de Cassius,* à cause de sa couleur rouge.

Les métaux précipitent l'or à l'état métallique.

Le protosulfate de fer précipite également l'or à l'état métallique.

### MINERAIS D'OR.

L'or existe principalement à l'état natif dans les terrains d'alluvions.

On le trouve aussi à l'état de tellurure complexe, contenant argent et plomb.

### TITRES DES MONNAIES ET BIJOUX.

L'or dit au titre est à 840, ou 20 karats.

L'or commun est à 750, ou 18.

Il y a trois millièmes de tolérance.

L'or bas varie de 750 à 500.

L'or rouge contient 750 de fer et 250 de cuivre rose.

L'or vert tient 750 de fer et 250 d'argent.

L'or dit feuille morte tient 700 de fer et 300 d'argent.

L'or vert d'eau tient 600 de fer et 400 d'argent.

L'or bleu tient 750 de fer et 250 d'argent.

L'or à 920 est dit au haut titre; il s'emploie surtout en orfévrerie.

### SOUDURES D'OR.

*Soudure au 6.*

| | |
|---|---|
| Or à 750 millièmes, ou 18 karats... | 50 |
| Argent fin........................ | 6,88 |
| Cuivre rouge..................... | 3,12 |

*Soudure au 4.*

| | |
|---|---|
| Or à 750 ....... | 50 |
| Argent fin ...... | 11,46 |
| Cuivre rouge.... | 5,21 |

*Soudure au 3.*

| | |
|---|---|
| Or à 750 ....... | 50 |
| Argent fin ...... | 16,67 |
| Cuivre rouge.... | 8,33 |

*Soudure au 2.*

| | |
|---|---|
| Or à 750 ....... | 50 |
| Argent fin ...... | 33,33 |
| Cuivre rouge.... | 16,67 |

*Soudure génevoise.*

| | |
|---|---|
| Or à 750 ....... | 50 |
| Argent 1er titre.. | 10 |
| Cuivre rouge.... | 25 |
| Cuivre jaune.... | 25 |

### PLATINE. Pt éq. 1215,22.

Le platine est un métal blanc d'argent, très-malléable et ductile. C'est le plus dense des métaux connus. Sa densité est 21,5; son équivalent est 1215,22. Il ne peut fondre à la température même des feux de forge. A la chaleur blanche, les particules de platine se lient par l'action du marteau, et il peut se souder.

Il n'est attaqué que par l'eau régale. Allié aux autres métaux, il est plus facilement soluble dans les acides simples. L'acide sulfurique l'attaque très-peu.

Les alcalis, les oxydes métalliques fusibles, le soufre, le phosphore attaquent le platine.

Il forme, avec l'oxygène, deux oxydes $PtO$, $PtO^2$, décomposés par la chaleur à 100 degrés.

Le seul sel stable du platine est le chlorure $PtCl^2$. Ce chlorure, traité par le chlorure de potassium, donne un précipité cristallin orangé, assez long à se former, et qui est insoluble dans le chlorure de potassium et dans l'alcool. L'ammoniaque se comporte comme la potasse.

Le sulfate de protoxyde de fer ne précipite pas le platine.

Les métaux précipitent le platine.

Il existe dans la nature, à l'état natif, sous forme de grains. On le trouve au Mexique, au Brésil, dans la chaîne de l'Oural et en Californie.

DOSAGE.

Lorsqu'un alliage de platine contient peu d'argent, on traite par l'acide nitrique, qui dissout l'argent et laisse le platine insoluble.

On peut encore s'arranger de manière que l'alliage contienne au moins deux parties d'argent pour une de platine.

On traite par l'acide sulfurique concentré ; le platine reste indissous.

Pour séparer de l'or, on peut dissoudre dans une eau

régale peu azotique, chauffer pour chasser l'excès d'acide nitrique, et traiter par le sulfate de protoxyde de fer. L'or est précipité ; le platine reste en dissolution.

## PALLADIUM. Pd éq. 665,84.

Le palladium est un métal assez rare ; son équivalent est 665,84.

Il est plus oxydable que le platine.

Il forme, avec l'oxygène, deux oxydes, $PdO$, $PdO^2$.

Avec le chlore, il forme deux chlorures, $PdCl$, $PdCl^2$.

Ils ont beaucoup d'affinité pour les chlorures alcalins.

Le chlorure de potassium donne, avec le protochlorure, un sel soluble dans l'eau et l'alcool ; celui du deutochlorure ne l'est pas.

L'iodure de palladium est insoluble dans l'eau, peu soluble dans les iodures alcalins.

Le cyanure de palladium est insoluble dans l'eau et soluble en partie dans les liqueurs acides.

Le sulfate de protoxyde de fer précipite le palladium. Il en est de même du mercure et du protochlorure d'étain.

### DOSAGE.

On dose le palladium en le précipitant à l'état de cyanure, qu'on réduit par calcination. Le résidu est du palladium.

## RHODIUM. Rh éq. 651,4.

Le rhodium, qui se rencontre dans les minerais de platine, est un métal presque infusible ; son équivalent est 651,4. Il est attaqué par fusion avec le nitre. Il forme avec l'oxygène deux oxydes $RhO$, $Rh^2O^3$. Avec le chlore il donne deux chlores $RhCl$, $Rh^2Cl^3$. Ce dernier, combiné avec un chlorure alcalin, donne un sel insoluble dans l'alcool.

### DOSAGE.

Le rhodium se dose à l'état métallique.

On traite par l'acide chlorhydrique, puis par le carbonate de soude, on évapore à sec et on calcine au rouge sombre. On reprend par l'eau et l'acide faible. On obtient ainsi l'oxyde $Rh^2O^3$. On réduit par l'hydrogène et on a le métal.

## IRIDIUM. Ir éq. 1233,26.

L'iridium, qu'on a rencontré dans quelques minerais de la Californie, accompagne les minerais de platine ; son équivalent est de 1233,26. Il se dissout dans l'eau régale, excepté quand il est uni à l'osmium.

Il est attaqué par fusion avec le nitre.

Il forme avec l'oxygène plusieurs oxydes dont le plus important est $Ir^2O^3$.

### DOSAGE.

On opère comme pour le rhodium.

## OSMIUM. Os éq. 1244,21.

Ce métal, peu étudié, est jusqu'ici sans usage.

Il forme avec l'oxygène quatre oxydes.

L'acide osmique $OsO^8$ est le plus fréquent dans les analyses.

Il fond à 55 degrés et se volatilise à 80 degrés.

## RHUTÉNIUM.

Ce métal n'a pas été étudié.

Les minerais de platine sont des sables d'alluvions anciennes qui contiennent :

| | |
|---|---|
| Platine, | Osmiure d'iridium, |
| Palladium, | Fer oxydulé, |
| Rhodium, | Fer titané, |
| Iridium, | Minerais de cuivre, |
| Osmium, | Or. |

L'analyse de ce minerai complexe est très-difficile. Si l'on ne veut doser que le platine, on peut avoir recours au procédé suivant, qui peut donner une approximation suffisante.

On attaque par l'eau régale, on chauffe jusqu'à l'ébullition. Quand l'acide est distillé, on laisse refroidir et on recommence une seconde ébullition.

On ajoute de l'eau, on fait bouillir, on laisse refroidir,

on rajoute de l'eau qu'on soumet une seconde fois à l'ébullition. La partie soluble contient les chlorures de platine, de palladium, de rhodium et une partie de l'iridium. Cette liqueur, étendue et placée à l'obscurité, est traitée par un lait de chaux. On filtre, on lave. Dans la dissolution, on ajoute du carbonate de soude, on évapore à sec et on calcine. On reprend par l'acide hydrochlorique étendu et on lave à l'eau distillée, on décante et on calcine; le résidu est du platine assez pur.

Mais on peut craindre qu'une partie n'ait été précipitée avec les autres métaux.

---

# CHAPITRE V.

## ESSAI D'ARGENT PAR LA VOIE SÈCHE.

### ESSAI D'ARGENT.

L'essai d'argent se fait de deux manières : 1° par la voie sèche; 2° par la voie humide.

### VOIE SÈCHE.

Le procédé est fondé sur la coupellation.

Lorsqu'on place dans une coupelle chauffée au rouge un alliage contenant argent et cuivre, si on y ajoute duplomb, ce métal, en s'oxydant, facilite l'oxydation du cuivre. Ces deux oxydes s'infiltrent dans les pores de la coupelle et l'argent reste au-dessus presque chimiquement pur.

Avec la quantité de cuivre de l'alliage doit évidemment varier celle du plomb à employer.

D'Arcet, après de nombreuses expériences, a dressé la table suivante :

*Table des quantités de plomb nécessaires pour faire les essais d'argent.*

| TITRES DE L'ARGENT. | QUANTITÉ de cuivre allié. | QUANTITÉ de plomb nécessaire à l'affinage de l'argent |
|---|---|---|
| 1000 | 0 | 0,3 |
| 950 | 50 | 3 |
| 900 | 100 | 7 |
| 800 | 200 | 10 |
| 700 | 300 | 12 |
| 600 | 400 | 14 |
| 500 | 500 | 16 à 17 |
| 400 | 600 | 16 à 17 |
| 300 | 700 | 16 à 17 |
| 200 | 800 | 16 à 17 |
| 100 | 900 | 16 à 17 |
| 0 | 1000 | 16 à 17 |

Pour les titres intermédiaires, on les déduit de ceux de la table précédente par une formule d'interpolation, c'est-à-dire en insérant entre chaque terme de la deuxième colonne 48 moyens arithmétiques.

En général, lorsqu'un lingot d'argent tient du cuivre de 0 à 200 millièmes, l'essai se fait sur le gramme.

On le fait sur le demi-gramme pour les titres inférieurs, afin de diminuer de moitié la dose de plomb indiquée dans le tableau et par suite de diminuer la perte d'argent par volatilité en accélérant la coupellation.

Lorsqu'on a à essayer un lingot d'argent fin, ou du moins à un titre élevé, on détache à l'emporte-pièce ou au ciseau une peuille à peu près de 2 grammes, c'est-à-dire nécessaire pour faire deux essais.

Lorsque le lingot est relativement léger, jaune, dur, qu'il se laisse difficilement limer, couper ou laminer, on peut être sûr qu'il est à bas titre. Du reste, on pourra faire un essai à la pierre de touche pour approximer son titre. A cet effet, on trace sur la pierre un trait de 1 à 2 millimètres de large et de 2 à 3 centimètres de long, ensuite on compare aux traits laissés par des alliages à des titres connus.

On peut encore passer à la coupelle 1 décigramme de l'alliage avec 1 gramme de plomb, le bouton de retour indiquera à peu près la teneur en argent.

Lorsqu'on a affaire à un lingot à bas titre on détache trois morceaux, un sur le centre, le deuxième à l'un des angles et le troisième à l'angle diagonalement opposé sur la face opposée du lingot.

Après avoir pesé des poids égaux de chacune de ces prises d'essai, on fera fondre ces trois parties, on brassera bien l'alliage, et avec une petite cuiller de fer on versera l'argent fondu sur une petite plaque disposée à cet effet et qui pourra, par exemple, renfermer plusieurs trous.

Chacune des gouttes obtenues ainsi aura une teneur en argent qui se rapprochera beaucoup de celle du lingot.

Pour opérer plus promptement, on se contente le plus souvent de prendre sur chacune des trois prises d'essai un tiers de gramme, on réunit les trois pesées et on a un essai dont la teneur représente à peu près le titre de l'alliage. Il vaut mieux faire un essai sur chaque morceau et prendre la moyenne.

Si le lingot contient moins de $\frac{8}{100}$, on opère sur le demi-gramme.

On enveloppe la prise d'essai dans une petite feuille de papier ou de plomb, en lui faisant présenter le moins de surface possible. On s'assurera alors que le fourneau est à une température convenable, on portera avec des pincettes, dans une coupelle placée au centre du moufle, la quantité de plomb correspondant au titre approximé.

On ferme un moment la porte du moufle, on l'ouvre ensuite, et quand la surface du plomb est brillante, l'oxyde de plomb qui la recouvrait ayant disparu, on porte avec précaution dans la coupelle la prise d'essai.

On rapproche un peu la porte du moufle; bientôt on remarque à la surface du bain des points brillants qui augmentent constamment en grosseur; lorsque, le volume de l'essai diminuant, les points lumineux deviennent plus brillants, on rapproche l'essai de la porte du moufle qu'on laisse ouverte. Bientôt l'essai devient terne, et presque en même temps se promènent rapidement sur lui des rubans irisés. Il présente, comme on dit, les couleurs de l'iris. L'essai se ternit de nouveau, c'est alors qu'on rapproche la porte du moufle pour faciliter l'introduction dans la coupelle des dernières parties d'oxyde de plomb et de cuivre.

Ce passage des dernières parties d'oxydes métalliques dans la coupelle s'effectue dans un temps très-court, au bout duquel le bouton redevient brillant. On dit alors qu'il a fait l'éclair, qu'il se découvre, qu'il est passé. Le temps qui sépare l'éclair de l'instant où apparaissent les couleurs de l'iris doit avoir une certaine durée pour que l'essai soit bien cristallisé.

Lorsque l'essai a fait l'éclair et qu'il est au moment de se figer, on le rapproche graduellement de la porte du moufle en mettant la coupelle de champ, le bouton tourné du côté du fond du moufle. On retire ensuite la coupelle, on enlève le bouton avec des brucelles, on le serre fortement entre les deux mâchoires, on brosse le dessous avec le gratte-brosse, ensuite on porte dans le plateau de la balance et on pèse.

Le bouton obtenu ne représente jamais la véritable teneur en argent. Il y a toujours, pendant la coupellation, perte par volatilité et aussi par oxydation d'une partie de l'argent.

Aussi a-t-on établi, au laboratoire des essais de la Monnaie, une table de compens atin qui permet de corriger les titres obtenus.

| TITRES EXACTS. | TITRES TROUVÉS par la coupellation. | QUANTITÉ de fin à ajouter aux titres correspondants obtenus par la coupellation. |
|---|---|---|
| 1000 | 998,97 | 1,03 |
| 975 | 973,34 | 1,76 |
| 950 | 947,50 | 2,50 |
| 925 | 921,75 | 3,25 |
| 900 | 896 | 4 |
| 875 | 870,93 | 4,07 |
| 850 | 845,85 | 4,15 |
| 825 | 820,78 | 4,22 |
| 800 | 795,70 | 4,30 |
| 775 | 770,57 | 4,41 |
| 750 | 745,48 | 4,52 |
| 725 | 720,36 | 4,64 |
| 700 | 695,25 | 4,75 |
| 675 | 670,25 | 4,73 |
| 650 | 645,29 | 4,71 |
| 625 | 620,30 | 4,70 |
| 600 | 595,32 | 4,68 |
| 575 | 570,32 | 4,68 |
| 550 | 545,32 | 4,68 |
| 525 | 520,32 | 4,68 |
| 500 | 495,32 | 4,68 |
| 475 | 470,50 | 4,50 |
| 450 | 445,69 | 4,31 |
| 425 | 420,87 | 4,13 |
| 400 | 396,05 | 3,95 |
| 375 | 370,39 | 3,61 |
| 350 | 346,73 | 3,27 |
| 325 | 322,06 | 2,94 |

## OBSERVATIONS.

Le phénomène de l'éclair peut s'expliquer de la manière suivante :

Tant qu'il se forme de l'oxyde de plomb, l'action chimique de l'oxydation élève la température à un degré supérieur à celle de la coupelle ; quand l'oxydation cesse, la température se met de niveau et l'éclat disparaît.

Après l'éclair, la croûte supérieure du bouton se solidifie, l'argent fondu se dilate et déchire la partie intérieure du bouton. Il y a ce qu'on appelle *rochage*.

On explique encore ce phénomène en admettant que l'argent fondu dissout de l'oxygène qui se dégage brusquement par solidification.

Le rochage, qu'on ne peut jamais éviter d'une manière absolue, entraîne toujours une perte d'argent par projection.

Ses effets augmentent avec la pureté de l'argent et la grosseur du bouton.

On l'évite en partie en ayant soin, après l'éclair, de ménager le refroidissement. Si, aussitôt l'éclair fait, on retirait brusquement la coupelle, l'essai présenterait une espèce de végétation, et on courrait le risque de perdre une portion notable d'argent.

En général, on peut dire qu'il y a avantage à mener rapidement une coupellation pour atténuer les pertes par volatilité ; cependant il y a évidemment certaines limites à garder. Du reste, on est averti que la température est convenable, lorsque les fumées de plomb s'élèvent lentement dans le moufle.

Lorsqu'on porte la prise d'essai dans la coupelle, il faut avoir soin d'observer si le plomb est découvert, et pour cela on doit, lorsque le plomb vient d'être mis dans la coupelle, fermer un instant la porte du moufle, pour faciliter la fusion de l'oxyde de plomb. Si on néglige cette précaution, l'oxyde de plomb se fond difficilement et se forme en croûte. Le même effet se produit si les coupelles ne sont pas suffisamment chaudes.

Lorsque, par une raison quelconque, l'essai a froid, c'est-à-dire que la température du moufle n'est plus suffisante, ce qu'on reconnait à l'allure des fumées plombeuses, on place devant la coupelle un morceau de charbon rouge qui l'échauffe et facilite l'oxydation du plomb.

Lorsque la quantité de plomb employée est trop grande, la coupellation durant plus longtemps, la perte par volatilité augmente. De plus, il arrive que l'essai végète presque toujours, il est terne, a presque la forme d'une sphère et reste peu adhérent à la coupelle.

Lorsque, au contraire, la quantité de plomb est trop faible, l'essai conserve toujours du cuivre, il ne fait pas l'éclair, il adhère très-fortement à la coupelle ; le bouton est plat et présente à sa surface des points noirs d'oxyde de cuivre.

Pour résumer, nous dirons que les caractères d'un bon essai sont les suivants :

Le bouton est rond, cristallisé en dessous, sans végétation, il se détache facilement de la coupelle.

Le plomb employé ne doit pas contenir d'argent en quantité dosable, ou, du moins, s'il en contient, il est bon de passer seule dans une coupelle neuve la quantité de ce métal employé pour l'essai ; le poids du bouton d'argent obtenu doit être retranché du bouton d'essai.

En général, il faut faire en double les essais d'argent.

Si l'on veut s'assurer analytiquement que le bouton de retour est bien de l'argent fin, et qu'il ne contient ni plomb ni cuivre, on l'aplatit, on dissout dans l'acide azotique à chaud, on verse de l'acide chlorhydrique, on étend d'eau chaude, on lave par décantation, on filtre. Dans la liqueur, étendue et chaude, on verse un sulfate soluble ; s'il y a du plomb, on a un précipité. Quant au cuivre, la coloration bleue de la liqueur azotique en atteste la présence, on peut, du reste, exalter cette couleur en concentrant la liqueur et ajoutant de l'ammoniaque.

# CHAPITRE VI.

## ESSAI D'ARGENT PAR VOIE HUMIDE.

### PROCÉDÉ DE GAY-LUSSAC.

L'essai d'argent par la voie sèche présente des causes d'erreur assez nombreuses pour qu'on le rejette, lorsqu'on veut opérer exactement. Dans ce cas, on emploie le procédé de Gay-Lussac, procédé qui exige peu de temps et offre une exactitude très-grande. Il est fondé sur l'insolubilité du chlorure d'argent.

Si l'on dissout dans l'acide nitrique un alliage d'argent et de cuivre, une dissolution de sel marin précipitera tout l'argent à l'état métallique. Pour déterminer le titre d'un alliage, il suffira donc de mesurer le volume d'une dissolution titrée de sel marin nécessaire pour précipiter 1 gramme d'argent.

On choisit une dissolution de chlorure de sodium telle, que 100 centimètres cubes précipitent complétement 1 gramme d'argent.

### PRÉPARATION DE LA LIQUEUR.

On sait que 100 parties en poids de chlorure de sodium pur transforment en chlorure 184,25 d'argent.

On en déduit que, pour transformer en chlorure 1 gramme d'argent, il faut employer $\frac{100}{184,25}$, c'est-à-dire 0,54274.

On se sert, dans l'essai, d'une dissolution de sel marin telle, que 100 centimètres cubes contiennent justement 0,54274 de sel.

Pour préparer cette liqueur, on fait une dissolution saturée de sel marin; au bout de vingt-quatre heures on filtre, on pèse 100 grammes de la liqueur filtrée, on évapore à sec, on pèse le résidu que donne la quantité $p$ de sel marin contenu. Cela étant, pour pouvoir préparer 10 litres de liqueur, par exemple, qui doivent contenir la quantité de sel nécessaire pour précipiter 100 grammes d'argent, c'est-à-dire 54,274 de sel, on dira, si, dans 100 grammes de la dissolution saturée, il y a un poids $p$ de sel, $\frac{100^g}{p}$ de dissolution ne renfermeront que 1 gramme de sel et $\frac{100^g}{p} \times 54,274$ en renfermeront précisément 54,274.

On étendra donc d'eau le poids de dissolution ainsi obtenu, jusqu'au volume de 10 litres, et chaque décilitre de cette liqueur précipitera 1 gramme d'argent.

Ordinairement, on prépare à la fois 100 litres de liqueur, et comme la dissolution de sel du commerce contient environ 250 grammes par kilogramme, on trouve que pour 100 litres de liqueur il faut 2170g,96 de dissolution saturée. On versera donc ce volume dans un vase récepteur contenant 100 litres, et on versera de l'eau distillée jusqu'à un repère indiquant 100 litres.

## PRÉPARATION DE LA LIQUEUR DÉCIME.

On prendra 1 centimètre cube de la dissolution normale et on y ajoutera 9 centimètres cubes d'eau distillée, de sorte que chaque centimètre cube de cette nouvelle liqueur devra précipiter 1 milligramme d'argent.

## RECTIFICATION DE LA LIQUEUR NORMALE.

On dissoudra 1 gramme d'argent dans un mélange de 10 grammes d'acide nitrique et 7g,50 d'eau distillée. On chauffera au bain-marie, on chassera, après dissolution, les vapeurs rutilantes d'acide au moyen d'un soufflet muni d'un tube en verre recourbé. Puis, on versera dans le flacon contenant cette dissolution, cent divisions de la liqueur normale. On agitera le flacon, on laissera reposer un instant, puis on versera deux divisions de la dissolution décime. S'il y a précipité, on agitera le flacon, et après quelques instants de repos on versera deux nouveaux millièmes. On continuera ainsi jusqu'à ce qu'on n'obtienne plus de précipité. Si l'on a ajouté en tout 6 centimètres cubes de dissolution décime, on admettra que les deux derniers n'ayant pas donné de précipité, les deux précédents n'étaient nécessaires qu'en partie, de sorte qu'on aura une moyenne en adoptant le chiffre de 3 millièmes.

Ainsi, il faut 1003 millièmes de dissolution normale pour précipiter 1 gramme d'argent, ou, ce qui revient au même, 100 centimètres cubes de dissolution précipitent 997 millièmes d'argent.

Or, les 100 litres de liqueur normale renferment 2170g,96 de dissolution saturée de sel, qui par suite précipitent 997 grammes d'argent.

Donc, pour précipiter 1 gramme d'argent, il faut $\frac{2170^g,96}{997}$, et pour en précipiter 3 grammes, il faut $\frac{2170^g,96}{997} \times 3$, c'est-à-dire 6g,53.

On ajoutera donc aux 100 litres de liqueur normale 6g,53 de dissolution saturée de sel.

On essayera de nouveau cette liqueur, en opérant au moyen de la dissolution décime en ajoutant à chaque fois $\frac{1}{2}$ millième, c'est-à-dire $\frac{1}{2}$ centimètre cube; on pourra ainsi approximer le titre de la dissolution à $\frac{1}{4}$ de millième, et l'on trouvera la nouvelle correction à faire à la liqueur.

Cela étant, on rectifiera la liqueur décime en employant, pour la former, la dissolution normale, elle-même rectifiée. On a pu d'ailleurs, pour corriger la liqueur normale, se servir de la dissolution décime non rectifiée. En effet, si la dissolution normale est inexacte de 5 millièmes, il en est de même de la dissolution décime. Si l'on emploie 5 millièmes de cette dernière dissolution, l'erreur commise sera $\frac{5}{1000} \times 5$ de millième ou $\frac{1}{400}$ de millième, et si on n'emploie qu'un seul millième, l'erreur n'est que $\frac{1}{200}$ de millième.

Une erreur de cette nature est complétement négligeable dans le cas qui nous occupe.

### CORRECTION RELATIVE A LA TEMPÉRATURE.

Comme il peut arriver que les essais se fassent à des températures différentes de celle à laquelle a été graduée la dissolution de sel marin, il est important d'établir une table de correction qui permette de modifier les titres obtenus.

On comprend en effet que la température augmentant, en négligeant d'ailleurs la dilatation de la pipette en verre contenant 100 centimètres cubes, celle-ci renfermera une dissolution qui, s'étant dilatée, sera moins lourde et moins chargée de sel. Elle sera trop faible. Elle serait trop forte dans le cas où la température aurait baissé.

Pour arriver à construire cette table on a déterminé par expérience les poids du liquide contenu dans la pipette aux températures 0, 5, 10, 15, 20, 25, 30 degrés, et pour avoir les poids intermédiaires, sans les chercher directement, on a recours au procédé ordinaire d'interpolation usité en chimie pour déterminer par exemple la courbe de solubilité des sels.

A cet effet on trace deux droites rectangulaires OX,OV. Sur la première on porte, à partir du point O, des longueurs égales à une certaine ligne arbitraire de 2 millimètres, par exemple, qui représentera 1 degré de température. On obtiendra ainsi les points A, B, C, D, E, F, correspondant aux températures 5, 10, 15, 20, 25, 30 degrés.

Ensuite, au point A on élèvera une perpendiculaire AH qui contiendra autant de fois une certaine ligne arbitraire de 1 millimètre, par exemple, que le poids du liquide de la pipette à 5 degrés contient de grammes et fractions de grammes ; on opérera de même pour les autres points.

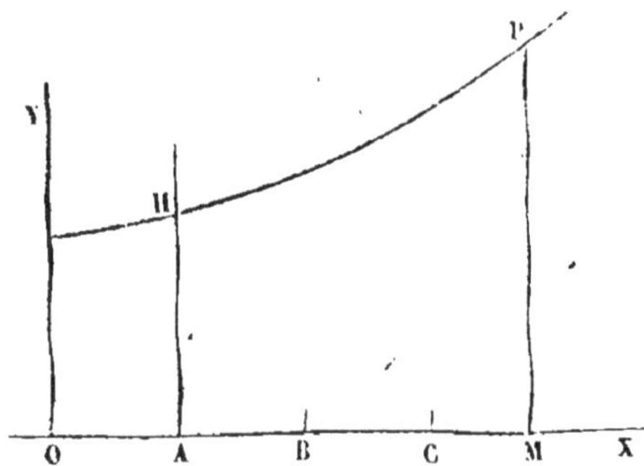


Les points tels que H, réunis par un trait continu, formeront une courbe ; et si l'on veut le poids du volume de la pipette à une température quelconque, 19 degrés par exemple, on portera, à partir du point O, sur la ligne OX, une droite OM égale à dix-neuf fois 1 millimètre, et à son extrémité on élèvera une perpendiculaire jusqu'à la rencontre avec la courbe au point P, et le rapport qui existera entre la ligne MP et 1 millimètre représentera le nombre de grammes du volume de la pipette. (*Voir* Gay-Lussac, p. 35, ***Instructions sur l'essai des matières d'or et d'argent.***)

Cette méthode expérimentale au moyen des courbes est usitée fréquemment en chimie et en physique. Elle permettra souvent à l'essayeur de trouver des lois qui pourront le guider dans ses opérations.

La table suivante contient cinq colonnes verticales et trente colonnes horizontales.

*Table de correction pour les variations de température de la dissolution normale de sel marin.*

| Température. | POIDS. Grammes | 5° Mill. | 10° Mill. | 15° Mill. | 20° Mill. | 25° Mill. | 30° Mill. |
|---|---|---|---|---|---|---|---|
| 4 | 100,109 | 0,0 | —0,1 | +0,1 | +0,7 | +1,7 | +2,7 |
| 5 | 100,113 | 0,0 | —0,1 | +0,1 | +0,7 | +1,7 | +2,8 |
| 6 | 100,115 | 0,0 | 0,0 | +0,2 | +0,8 | +1,7 | +2,8 |
| 7 | 100,118 | +0,1 | 0,0 | +0,2 | +0,8 | +1,7 | +2,8 |
| 8 | 100,120 | +0,1 | 0,0 | +0,2 | +0,8 | +1,8 | +2,8 |
| 9 | 100,120 | +0,1 | 0,0 | +0,2 | +0,8 | +1,8 | +2,8 |
| 10 | 100,118 | +0,1 | 0,0 | +0,2 | +0,8 | +1,7 | +2,8 |
| 11 | 100,116 | 0,0 | 0,0 | +0,2 | +0,8 | +1,7 | +2,8 |
| 12 | 100,114 | 0,0 | 0,0 | +0,2 | +0,8 | +1,7 | +2,8 |
| 13 | 100,110 | 0,0 | —0,1 | +0,1 | +0,7 | +1,7 | +2,7 |
| 14 | 100,106 | —0,1 | —0,1 | +0,1 | +0,7 | +1,6 | +2,7 |
| 15 | 100,099 | —0,1 | —0,2 | 0,0 | +0,6 | +1,6 | +2,6 |
| 16 | 100,090 | —0,2 | —0,3 | —0,1 | +0,5 | +1,5 | +2,5 |
| 17 | 100,078 | —0,4 | —0,4 | —0,2 | +0,4 | +1,3 | +2,4 |
| 18 | 100,065 | —0,5 | —0,5 | —0,3 | +0,3 | +1,2 | +2,3 |
| 19 | 100,053 | —0,6 | —0,7 | —0,5 | +0,1 | +1,1 | +2,2 |
| 20 | 100,039 | —0,7 | —0,8 | —0,6 | 0,0 | +1,0 | +2,0 |
| 21 | 100,021 | —0,9 | —1,0 | —0,8 | —0,2 | +0,8 | +1,9 |
| 22 | 100,001 | —1,1 | —1,2 | —1,0 | —0,4 | +0,6 | +1,7 |
| 23 | 99,983 | —1,3 | —1,4 | —1,2 | —0,6 | +0,4 | +1,5 |
| 24 | 99,964 | —1,5 | —1,5 | —1,4 | —0,8 | +0,2 | +1,3 |
| 25 | 99,944 | —1,7 | —1,7 | —1,6 | —1,0 | 0,0 | +1,1 |
| 26 | 99,924 | —1,9 | —1,9 | —1,8 | —1,2 | —0,2 | +0,9 |
| 27 | 99,902 | —2,1 | —2,2 | —2,0 | —1,4 | —0,4 | +0,7 |
| 28 | 99,879 | —2,3 | —2,4 | —2,2 | —1,6 | —0,7 | +0,4 |
| 29 | 99,858 | —2,6 | —2,6 | —2,4 | —1,8 | —0,9 | +0,2 |
| 30 | 99,836 | —2,8 | —2,8 | —2,6 | —2,0 | —1,1 | 0,0 |

Les nombres de la deuxième colonne verticale représentent les poids de la pipette aux températures marquées par les nombres de la première colonne verticale.

Si, ayant titré la dissolution à 25 degrés, on veut

connaître la correction à faire lorsqu'on opère à 30 degrés, on cherche dans la colonne verticale marquée 25 degrés le nombre qui se trouve en face du chiffre 30 de la première colonne verticale : on trouve — 1,1, qui est la différence entre les poids 99,944 et 99,836 de la pipette à 25 et à 30 degrés. Le signe — indique du reste que la dissolution est trop faible, c'est-à-dire qu'il faut ajouter réellement 1g,1 de dissolution au volume de la pipette à 30 degrés pour obtenir la précipitation de 1 gramme d'argent.

### PRÉPARATION DE LA DISSOLUTION DÉCIME D'ARGENT.

On dissout dans l'acide azotique 1 gramme d'argent fin, on verse ensuite sur cette dissolution une quantité d'eau telle, que l'on obtienne juste 1 litre. De cette manière 1 centimètre cube de cette liqueur pourra être regardé comme contenant 1 milligramme d'argent.

### DESCRIPTION DE L'APPAREIL.

Un vase en cuivre ou en verre contient la liqueur normale. Un couvercle percé d'un tube ferme le vase, il plonge à quelques centimètres du fond. Il est destiné à laisser rentrer l'air dans l'appareil quand on fait écouler du liquide. Le vase est placé à 2 mètres du sol, il porte à la partie inférieure un ajutage horizontal en cuivre rouge portant un robinet; à quelque distance de celui-ci vient se relier au premier tube un autre vertical en laiton; à ce tube s'en joint un autre en verre contenant un petit thermomètre centigrade marquant jusqu'à 30 degrés. Il sert à indiquer la température de la liqueur dans laquelle il plonge constamment.

A ce tube est fixé, au moyen d'un ajutage en argent, une pipette en verre qui contient 100 centimètres cubes depuis son extrémité inférieure jusqu'à un repère tracé au diamant.

L'ajutage en argent porte deux robinets : le supérieur sert à laisser écouler le liquide; le second est un robinet à air au moyen duquel on peut arrêter l'écoulement du liquide de la pipette.

Du côté opposé à ces deux robinets se trouve une petite vis qui permet de laisser entrer plus ou moins d'air, et sert à faire arriver le liquide précisément au repère. La pipette est maintenue verticale au moyen d'un support fixé au mur.

Sur une table est disposé un petit chemin sur lequel s'appuie un chariot en fer-blanc dans lequel se place le flacon d'essai, et aussi une cuvette destinée à recevoir l'excès de liqueur qui s'échappe pendant l'opération. Enfin sur le même chariot se trouve un entonnoir portant une petite éponge élevée à la hauteur de l'extrémité de la pipette, éponge qui sert à enlever la dernière goutte de liquide restant après la pipette quand le liquide s'en est écoulé.

Le petit chariot, guidé dans sa course, peut être

amené de manière que l'ouverture du flacon soit bien verticalement au-dessous de la pipette.

On ajoute la liqueur décime au moyen de pipettes graduées.

Les flacons s'agitent dans un panier circulaire en tôle verni, portant ordinairement dix ouvertures numérotées. Ce porte-flacon peut être agité au moyen d'un ressort à boudin.

Pour effectuer rapidement la dissolution nitrique d'argent, les flacons sont placés dans un bain-marie.

### PROCÉDÉ D'ESSAI.

Lorsqu'on fait un essai pour argent par la voie humide, il faut connaître le titre approximativement; 5 millièmes d'approximation suffisent.

Si l'on a affaire à un lingot ou barre, on connaîtra à peu près son titre, ou bien on l'approximera en passant à la coupelle 1 décigramme avec 1 gramme de plomb.

Ceci fait, supposons que ce lingot soit, par exemple, approximé à 900 millièmes, il faudra prendre un poids tel, qu'il contienne à très-peu près 1 gramme d'argent. Cette quantité sera donnée par la proportion

$$\frac{1000}{900} = \frac{1000}{x} \quad \text{d'où } x = 1111{,}1.$$

Comme on ne peut estimer le dixième de millième,

on prendra un poids de 1g,111 qu'on aplatira, on le fera dissoudre dans 5 à 6 grammes d'acide nitrique à 32 degrés, on mettra le flacon au bain-marie. Lorsque la dissolution est bien complète, on retire du bain, on laisse refroidir et on chasse les vapeurs nitreuses au moyen d'un soufflet portant à son extrémité un tube en verre courbé à angle droit. On bouche le flacon, on le place dans le petit chariot; avec l'index de la main gauche on bouche la pipette, on ouvre le robinet à air, puis le deuxième robinet, on laisse écouler lentement la liqueur jusqu'à ce qu'elle soit arrivée un peu au-dessous du repère. On ferme alors le robinet à air et on lâche celui de l'extrémité de la pipette. On fait glisser le chariot et l'on fait toucher la pipette à l'éponge afin de détacher la goutte qui ne fait pas partie des 100 centimètres cubes de l'essai. Puis on débouche le flacon, on ouvre le robinet à air, et le contenu de la pipette passe dans le flacon. On rebouche le flacon et on l'agite quelque temps, soit à la main, soit au moyen de l'agitateur. On repose alors le flacon sur une table (en face d'un tableau noir destiné à recevoir l'indication des nombres de division de la liqueur décime ajoutés). La liqueur surnageant le précipité étant éclaircie, on ajoute au moyen d'une pipette une division de la liqueur décime. S'il se forme un précipité, on rebouche le flacon et on agite de nouveau. Puis on verse de même une seconde fois la liqueur décime toujours par millième, on s'arrête quand la dernière portion ajoutée ne produit plus de trouble.

Supposons qu'on ait ajouté trois divisions de la liqueur décime, la troisième ne doit pas être comptée, puisqu'elle n'a pas produit de trouble; quant au deuxième millième, on peut admettre qu'il était plus que suffisant pour précipiter les dernières traces d'argent, tandis que le premier millième était insuffisant. On admettra donc une moyenne et l'on prendra 1 milligramme 5 dixièmes.

Par suite, la prise d'essai de 1g,111 contenait 1g,0015.

Pour avoir le titre, c'est-à-dire la quantité de fin renfermée dans 1 gramme, on écrira la proportion

$$\frac{1\ 111}{1\ 001{,}5} = \frac{1000}{x} \quad \text{d'où} \quad x = 901.$$

Le lingot à essayer était donc au titre de 901.

Si la liqueur normale n'est pas à 20 degrés, température pour laquelle elle est graduée, on se sert alors des tables de correction.

Avec de l'habitude on aperçoit facilement, au nuage qui surmonte la liqueur, si ce léger précipité équivaut à un demi ou à un quart de millième.

Lorsqu'en versant la liqueur décime on ne produit aucun précipité, c'est une preuve que la prise d'essai a été estimée trop haut en titre. Dans ce cas, il faut ajouter la liqueur décime de nitrate d'argent, et cela division à division jusqu'à ce que la liqueur ne soit plus troublée.

On opère ensuite absolument comme quand on ajoute la dissolution de sel marin.

### OBSERVATIONS.

1° Avant de se servir de la liqueur normale on doit l'essayer, et si elle est, par exemple, trop faible de deux millièmes, on devra ajouter deux millièmes à ceux trouvés par l'opération.

On essaye de même la dissolution de nitrate d'argent.

2° On doit en général éviter l'emploi du nitrate d'argent : ce réactif, donnant des liqueurs difficiles à éclaircir, peut occasionner des erreurs considérables. Aussi vaut-il mieux, au lieu de l'employer, recommencer l'essai en prenant un poids plus grand du lingot.

3° Quand il y a du plomb dans la matière à essayer, ce procédé ne peut servir à cause de l'insolubilité du chlorure de plomb. L'étain, l'antimoine et le mercure offrent aussi un inconvénient. Le mercure forme presque toujours du sous-oxyde en présence de l'acide nitrique, et le chlorure qui en résulte est insoluble.

### ESSAI DU DORÉ.

Lorsque l'alliage à essayer contient au moins six parties d'argent contre une d'or, on emploie le procédé par la voie humide avec une petite modification qui consiste à dissoudre l'alliage dans un matras et par une ébullition de dix minutes. On continue l'essai comme pour un alliage ne renfermant qu'argent et cuivre ; et pour déterminer l'or, on dissout le chlorure par l'ammoniaque. L'or une fois rassemblé et lavé, on le fait passer dans un creuset, on recuit et on pèse.

Lorsque la proportion d'or est supérieure au sixième de l'alliage, on ajoute la quantité d'argent nécessaire pour se placer dans les conditions indiquées précédemment ; on fond dans un creuset avec un peu de borax, et l'on continue l'essai comme on vient de l'indiquer.

D'ailleurs, l'essai de doré se fait plus souvent par la voie sèche.

### DÉTERMINATION DU TITRE DE L'ORFÉVRERIE.

Les objets d'orfévrerie sont au titre de 950 et de 800 avec 5 millièmes de tolérance.

En admettant que les alliages soient au titre 945 et 795, on prendra des poids de 1058,20 et 1257,86.

On verse d'abord dans la dissolution de ces quantités d'alliage une mesure de dissolution normale. Quand les liqueurs sont éclaircies, on verse un millième de la dissolution normale de nitrate d'argent ; s'il n'y a aucun louche, les alliages sont au moins aux titres exigés par la loi.

*Table de correction pour les températures en deçà et au delà de 20 degrés.*

| DEGRÉS. | MILLIÈMES à ajouter au titre trouvé. | DEGRÉS. | MILLIÈMES à retrancher au titre trouvé. |
|---|---|---|---|
| 5 | 0,74 | 20 | 0,00 |
| 6 | 0,76 | 21 | 0,18 |
| 7 | 0,79 | 22 | 0,38 |
| 8 | 0,80 | 23 | 0,56 |
| 9 | 0,79 | 24 | 0,75 |
| 10 | 0,77 | 25 | 0,95 |
| 11 | 0,75 | 26 | 0,19 |
| 12 | 0,71 | 27 | 0,38 |
| 13 | 0,67 | 28 | 0,60 |
| 14 | 0,60 | 29 | 0,81 |
| 15 | 0,50 | 30 | 0,03 |
| 16 | 0,39 | | |
| 17 | 0,26 | | |
| 18 | 0,14 | | |
| 19 | 0,00 | | |
| 20 | | | |

# CHAPITRE VII.

## ESSAI D'ARGENT TENANT PLATINE.

L'essai d'argent tenant platine est basé sur l'insolubilité de ce métal dans l'acide sulfurique.

La présence du platine dans un alliage se reconnaît souvent à la dureté et au poids spécifique. La coupellation fournit encore d'autres caractères. L'essai tenant platine se fige souvent aussitôt après avoir pris les couleurs de l'iris, il donne des boutons d'un blanc grisâtre et ordinairement mamelonnés. Lorsque le platine est en petite quantité, ces caractères seraient trop fugaces.

Aussi, pour être sûr de la présence de ce métal, on dissout l'alliage dans l'acide azotique à 22 degrés; s'il s'y trouve, on voit une poussière noire se déposer et l'acide prend une teinte jaune. Il faut, pour opérer ainsi, s'être débarrassé du cuivre par la coupellation.

D'après des expériences exécutées au laboratoire des essais, on est conduit à classer les essais d'argent tenant platine en trois espèces :

1° Ceux qui ne contiennent en platine que les 80 millièmes de l'alliage; 2° ceux qui en contiennent de 80 à 200; 3° ceux qui en contiennent au moins 200 millièmes.

Pour les alliages de la première classe, l'essai par coupellation exige la même dose de plomb que s'il n'y avait pas de platine. Le bouton ne retient pas sensiblement de cuivre ni de plomb.

Les alliages de la deuxième classe demandent une température plus élevée.

Enfin, pour les essais de la troisième classe, la température du fond du moufle est la plus convenable, et encore faut-il repasser le bouton avec 1 ou 2 grammes de plomb de manière à éviter une surcharge.

On cherchera d'abord à quelle classe appartient l'alliage à essayer. Pour cela on pourra avoir recours à la pierre de touche, au moyen de témoins qu'on obtiendra en comparant des alliages des trois catégories indiquées précédemment.

Ceci fait, on passera à la coupelle 1 décigramme de l'alliage avec 1 gramme de plomb.

Le bouton de retour indiquera par son poids la quantité d'argent et platine réunis.

Ensuite on pèsera un demi-gramme de l'alliage auquel on alliera, s'il y a lieu, de l'argent de manière que ce dernier métal soit en proportion double du platine. On passera à la coupelle avec la quantité de plomb indiquée au tableau relatif aux essais d'argent.

L'essai se fera au fond du moufle.

Le bouton de retour sera aplati, recuit, laminé, enroulé en spirale, et traité deux fois de suite par l'acide sulfurique à 60 degrés Beaumé, et cela dix minutes chaque fois.

Le platine qui restera en poudre sera séché, recuit et pesé. L'argent se déduira par différence.

---

## CHAPITRE VIII.

### ESSAI D'OR.

L'essai d'or est fondé sur l'insolubilité de ce dernier métal dans l'acide nitrique.

Un alliage d'or et d'argent contient ordinairement du cuivre, dont la séparation se fait à la coupelle. On a reconnu par expérience que, pour opérer exactement le départ de l'argent, il fallait obtenir un alliage contenant 3 parties d'argent pour 1 d'or. On ajoutera donc, s'il y a lieu, de l'argent au bouton provenant de la coupellation, de manière à obtenir un alliage dans ces proportions. Cette opération se nomme *inquartation*.

La quantité d'argent de l'inquartation étant invariable, il faut d'abord approximer le titre de l'alliage, et pour cela on peut, avec de l'habitude, se servir des caractères spécifiques. Ainsi un alliage sera d'autant plus riche qu'il sera plus pesant, plus jaune, plus dur à la lime.

La pierre de touche vient aussi éclairer sur le titre de l'alliage. Pour utiliser ce moyen de reconnaissance, on trace sur une pierre de touche un trait de 0m,003 de lar geur et de $0^m,04$ de long. On y verse, avec une barbe de plume, un acide composé de la manière suivante :

| | |
|---|---|
| Acide azotique à 13,40 de densité...... | 98 gr. |
| Acide chlorhydrique à 11,73 de densité. . | 2 |
| Eau............................... | 25 |

Cette liqueur est sans action sur les alliages à 0,750 et au-dessus; sur les autres elle laisse une trace d'autant moins apparente qu'il y a moins d'or.

Ayant donc tracé un trait sur la pierre de touche et ayant passé dessus l'acide, on le comparera à d'autres traits faits avec des alliages connus. On saura donc approximer le titre, et par suite on saura la quantité d'argent à ajouter en multipliant celle de l'or par 3. Considérons d'abord un essai d'or tenant cuivre.

On passera seulement à la coupelle un demi-gramme de l'alliage avec la quantité de plomb indiquée dans le tableau ci-joint.

*Table des quantités de plomb nécessaires pour l'essai d'or allié de cuivre.*

| TITRES DE L'OR. | QUANTITÉS de cuivre alliées. | DOSE DE PLOMB nécessaire pour l'affinage de l'or. |
|---|---|---|
| 1000 | 0 | 0g,5 |
| 900 | 100 | 10p ou 5g |
| 800 | 200 | 16 ou 8 |
| 700 | 300 | 22 ou 11 |
| 600 | 400 | 24 ou 12 |
| 500 | 500 | 26 ou 13 |
| 400 | 600 | 34 ou 17 |
| 300 | 700 | 34 ou 17 |
| 200 | 800 | 34 ou 17 |
| 100 | 900 | 34 ou 17 |

Après que la quantité de plomb placée dans la coupelle aura été fondue, on y portera le demi-gramme de l'alliage avec l'argent d'inquartation, le tout enveloppé dans une feuille de papier.

On laissera l'essai finir à la place où il a commencé. L'essai fini, on le détache de la coupelle, on brosse, on l'aplatit, puis on le recuit, puis on le lamine de 5 à 6 centimètres de long sur 11 à 12 millimètres de large. Plus l'essai est riche en or, plus il y a avantage à augmenter les dimensions de la feuille.

On recuit la lame légèrement, puis on l'enroule plusieurs fois sur elle-même, et on l'introduit dans un matras d'essai, où l'on verse, à peu près à moitié du réservoir, de l'acide azotique à 22 degrés Beaumé; on fait bouillir vingt minutes environ, temps qu'on peut évaluer au moyen d'un sablier de dix minutes. Cette opération se nomme le *départ.* L'ébullition se fait généralement au gaz. Lorsque les vingt minutes sont écoulées, on décante le nitrate d'argent formé, et on verse sur le cornet de l'acide nitrique à 32 degrés, à peu près au tiers de la capacité du réservoir; on fait bouillir dix minutes. Cette opération se nomme la *reprise.* Cette dernière ébullition se fait ordinairement avec soubresauts, et l'acide pouvant être projeté au dehors, il y aurait danger que des fragments du cornet s'échappassent avec l'acide. Pour éviter cet inconvénient, on jette dans le matras un petit fragment de charbon. Il arrive souvent que ce fragment se divise et colore l'acide. On pare à cet inconvénient en employant, comme on le fait au laboratoire de la Monnaie, un petit globule de charbon provenant de la calcination en vase clos de la graine de vesce. Ce charbon est très-compacte, ne se divise pas, et rend régulière l'opération de la reprise.

L'ébullition ayant eu lieu, on décante le liquide, et, quand le matras est un peu refroidi, on le remplit à peu près d'eau distillée; on laisse en repos un moment pour laisser bien rassembler les petites particules d'or qui pourraient se détacher du cornet, puis on renverse avec précaution le matras dans un petit creuset d'essai. On frappe ce dernier en le tournant dans la main, pour bien laisser déposer les fragments d'or ; on décante l'eau, puis on porte dans le moufle pour recuire ; ensuite on procède à la pesée.

### REMARQUE.

Pour les essais d'or qui s'approchent du titre de 1000 on modifie un peu le traitement aux acides, pour éviter les surcharges que le procédé précédent produirait, comme on l'a reconnu. On ne passe que cinq minutes au premier acide. La reprise se fait comme précédemment, mais avec deux ébullitions à l'acide à 32.

### OBSERVATIONS.

1° Il est important d'obtenir un cornet qui ne se brise pas, car la présence des petits fragments présente un inconvénient dans la série des manipulations indiquées. On peut perdre quelques parties de l'essai en versant dans le creuset d'essai. Enfin, lors de la pesée, la même cause d'erreur se présente lorsqu'on porte dans le plateau de la balance. Aussi est-il bon, en général, de placer ce dernier sur une feuille de papier blanc. La raison pour laquelle un essai se brise peut provenir de plusieurs causes. Si les circonvolutions du cornet ne laissent entre elles aucun jour, l'ébullition au deuxième acide est difficile, et l'essai se brise souvent.

Si l'on a inquarté à plus de 3 parties d'argent contre 1 d'or, il arrive que l'or étant très-divisé dans la masse de l'alliage, le cornet d'essai se brise.

Au contraire, si l'on a inquarté à beaucoup moins de 3 parties d'argent contre 1 d'or, il peut y avoir surcharge en argent après l'ébullition au deuxième acide.

On s'en assure facilement en dissolvant dans l'eau régale ; s'il se forme un précipité qui persiste, c'est une preuve qu'on a de l'argent dans le cornet.

2° Souvent un essai d'or, même bien fait, donne un cornet qui se brise ; ceci tient à l'absence du cuivre dans l'alliage. On rend à celui-ci sa ductilité en faisant passer la prise d'essai à la coupelle avec une petite quantité de cuivre, 25 millièmes, par exemple.

---

# CHAPITRE IX.

## ESSAI D'OR TENANT ARGENT. — ESSAI D'ARGENT TENANT OR.

### ESSAI D'OR TENANT ARGENT.

On nomme ainsi les essais des alliages contenant peu d'argent, c'est-à-dire moins de $\frac{1}{10}$.

On approximera ce titre au moyen de la pierre de touche, on passera 1 décagramme à la coupelle avec 1 gramme de plomb ; le bouton de retour indiquera la somme des poids or et argent.

Ensuite on pèsera $\frac{1}{2}$ gramme de l'alliage, on y ajoutera la quantité d'argent nécessaire à l'inquartation, en tenant compte de l'argent déjà allié, on passera à la coupelle, après avoir fait fondre dans cette dernière une quantite de plomb un peu moindre que si l'alliage contenait peu d'argent, ce dernier métal facilitant l'introduction du cuivre dans la coupelle.

L'essai étant fini, on brossera le bouton, on l'aplatira, et, après l'avoir recuit, on passera aux acides, comme nous l'avons indiqué précédemment.

Le poids du cornet donnera l'or; l'argent s'obtiendra par différence.

### ESSAI D'ARGENT TENANT OR.

On a souvent à essayer des lingots tenant de très-petites quantités d'or, 0,0005, par exemple. Ces alliages constituent l'essai d'argent tenant or.

On reconnaît un pareil alliage à sa couleur blanche, ou bien à sa couleur rouge-cuivre, si ce dernier métal y domine.

On commence, pour approximer ce titre, à passer 2 décigrammes à la coupelle avec 1 gramme de plomb. Le bouton de retour indique la quantité de cuivre, et par suite la quantité de plomb à employer dans l'essai définitif, observant qu'il faut, pour faire passer le cuivre dans la coupelle, plus de plomb que si l'alliage ne renfermait que de l'argent.

Connaissant donc le poids réuni de l'argent et de l'or, on cherchera ce titre dans le tableau des quantités de plomb applicables aux essais d'argent, et on augmentera un peu cette dose.

On passera à la coupelle sans inquarter, et on continuera l'essai, comme il a été indiqué précédemment. L'or étant ordinairement en poudre dans le matras, on agira avec précaution pour le passer dans le creuset et ensuite dans le plateau de la balance.

---

## CHAPITRE X.

### ESSAI D'OR TENANT ARGENT ET PLATINE.

#### ESSAI D'OR TENANT PLATINE.

Après avoir approximé le titre de l'alliage, soit à la pierre de touche, soit par un essai fait au dixième avec 1 gramme de plomb, on pèsera $\frac{1}{2}$ gramme, auquel on ajoutera l'argent nécessaire à l'inquartation avec la quantité de plomb déduite du tableau fait pour les essais d'or. On laisse l'essai finir au fond du moufle. Le bouton de retour est mat et présente quelques points brillants. On le brosse, on le lamine, on recuit, on enroule en spirale, et on traite aux acides, comme pour l'essai d'or. Ordinairement on obtient une surcharge en platine : aussi est-il bon d'inquarter une deuxième fois le cornet et passer aux acides. On conseille même de faire une troisième opération pour être plus assuré du résultat.

### OBSERVATION.

On reconnaît la présence du platine dans le cornet à la couleur jaune de l'acide.

Cependant, si ce métal était en quantité très-petite, la coloration pourrait n'être pas sensible : on aurait alors recours aux caractères du platine indiqués précédemment.

### ESSAI D'OR TENANT ARGENT ET PLATINE.

On commence par déterminer la quantité de cuivre en passant 1 décigramme de l'alliage avec 2 grammes de plomb à la plus haute température possible; le bouton de retour permet de calculer la quantité de plomb nécessaire à l'essai, en consultant la table dressée pour les essais d'or, et augmentant un peu la dose eu égard à la présence du platine.

Au moyen d'alliages d'or, d'argent et de platine

faits d'avance, et qu'on essayera à la pierre de touche, on pourra, en touchant également l'alliage proposé, savoir approximativement son titre relativement à l'or et au platine réunis ; ceci fait, on passera à la coupelle $\frac{1}{2}$ gramme de l'alliage avec une quantité d'argent telle, qu'ajoutée à celle déjà contenue dans l'essai elle forme à peu près les $\frac{5}{2}$ de l'or et du platine réunis.

Le bouton de retour est aplati, recuit, roulé en spirale et traité par l'acide sulfurique marquant 66 degrés Beaumé. On fait bouillir dix minutes, puis on fait une reprise qui dure également dix minutes. On lave à l'acide, puis à l'eau distillée. On sèche, on recuit et on pèse ; la perte de poids donne l'argent, le cornet restant donne le poids de l'or et du platine réunis.

On opère alors sur ce cornet comme sur un essai tenant seulement or et platine. (*Voyez* Essai d'or tenant platine.)

---

## CHAPITRE XI.

### ESSAI D'ARGENT TENANT OR ET PLATINE.

Si le platine était en faible quantité, il pourrait être dissous par l'acide azotique en présence de l'argent :

dans ce cas on suit la méthode employée pour l'essai d'argent tenant or.

Dans le cas contraire, et dans tous les cas en général, si par prudence on désire reconnaître la présence du platine, on pourra s'aider de plusieurs caractères.

La couleur grise de l'alliage, sa grande densité, sont des indices de la présence du platine.

Si on obtient un bouton d'un gris noir, aigre sous le marteau en passant avec 6 à 7 grammes de plomb un demi-gramme de l'alliage, c'est là encore un caractère de reconnaissance; pour le compléter, on allie le bouton de retour avec deux fois son poids d'argent fin, on passe à la coupelle avec 2 à 3 grammes de plomb, on aplatit, on recuit, lamine, enroule en cornet et on passe vingt minutes environ à l'acide du départ. Si le platine est en quantité assez notable, l'acide prendra une coloration jaune-feuille. Dans ce cas, le cornet étant recuit présentera des points grisâtres.

Si le platine n'est qu'à l'état de trace, on ne peut avoir recours à ces caractères. On se sert alors de la précipitation du métal par le chlorure de potassium ou le sel ammoniac, et cela dans une liqueur chlorhydrique.

On dissout une petite quantité de l'alliage dans l'eau régale; on évapore la liqueur, on sépare le chlorure d'argent insoluble, on filtre, on évapore à sec dans une capsule de porcelaine, on verse ensuite une dissolution de sel ammoniac additionnée d'alcool, on laisse digérer sept à huit heures. S'il y a du platine, il se forme un précipité orangé qui, évaporé à siccité, puis calciné, laisse déposer une couche noire de platine métallique sur le fond de la capsule.

On passe à la coupelle un demi-gramme de l'alliage avec une quantité de plomb variable suivant la teneur en platine.

Chaudet, dans son *Manuel de l'Essayeur*, conseille d'employer 8, 14 ou 30 parties de plomb, suivant qu'on a affaire à l'un des trois alliages suivants :

| | | | | | |
|---|---|---|---|---|---|
| Cuivre . . . | 0,100 | Cuivre . . . | 0,200 | Cuivre . . . | 0,100 |
| Or . . . . . | 0,100 | Or . . . . . | 0,020 | Or . . . . . | 0,005 |
| Platine. . . | 0,100 | Platine. . . | 0,200 | Platine . . . | 0,300 |
| Argent . . . | 0,250 | Argent . . . | 0,580 | Argent . . . | 0,595 |

Il est même des cas où l'on est obligé, pour se débarrasser du cuivre, de repasser le bouton de retour avec 1 ou 2 grammes de plomb. Dans tous les cas il faut toujours amener l'alliage à tenir à peu près 2 parties d'argent pour 1 d'or et de platine réunis. L'essai à la pierre de touche peut donner une indication sur la teneur de l'alliage et permettre par suite de rétablir la proportion convenable des trois métaux. L'essai étant fini où il a commencé, c'est-à-dire au fond du moufle, on le lamine s'il y a lieu, on l'enroule en spirale et on le traite deux fois de suite par l'acide sulfurique à 66 degrés Beaumé, en faisant bouillir dix à douze minutes le premier acide et sept à huit minutes le second.

On aura ainsi séparé l'argent. L'alliage restant ne contient plus qu'or et platine, on le lave à l'acide pur, à l'eau distillée, on décante, on sèche et on pèse ; par différence on a l'argent.

Ensuite on emploie le procédé indiqué pour la séparation de l'or et du platine.

---

# CHAPITRE XII.

## PRÉSENCE DU PALLADIUM DANS LES ESSAIS.

Un essai d'argent contenant du palladium donne une surcharge d'autant plus grande en plomb que ce dernier métal est plus abondant.

En dissolvant dans l'acide nitrique un fragment d'alliage contenant argent et palladium, on obtient une liqueur limpide, mais colorée en jaune-paille.

Enfin, si l'on dissout l'alliage en question dans une

liqueur azotique étendue, le cyanure de potassium donne un précipité blanc. Ce caractère est le plus saillant des sels de palladium.

---

## CHAPITRE XIII.

### ESSAI A LA PIERRE DE TOUCHE.

L'essai au touchau sert à approximer le titre des alliages d'argent et d'or.

Le procédé consiste à faire, sur un morceau de quartz lydien bien uni, une trace avec la pièce à essayer, et à comparer cette trace avec d'autres résultant d'alliages à des titres connus.

Les touchaux d'argent sont formés d'étoiles à l'extrémité desquelles sont soudées des plaques d'argent. Ordinairement on dispose huit lames aux titres suivants : 1,000, 950, 800, 780, 760, 740, 720, 700.

Cela étant, pour essayer un lingot, on tracera sur la pierre de touche un trait. Puis on en fera un autre avec le touchau qu'on supposera se rapprocher le plus en titre du lingot, et ensuite on opérera de même avec d'autres touchaux à des titres inférieurs ou supérieurs au premier, jusqu'à ce qu'il y ait parité de nuance entre l'un des traits tracés et celui du lingot.

Avec de l'habitude on diminue beaucoup les tâtonnements, et on peut obtenir ainsi une approximation à 10 ou 15 millièmes près.

Lorsqu'on fait l'essai d'argent par la voie humide, on doit obtenir une approximation de 5 à 10 millièmes. L'essai à la pierre de touche ne peut donc suffire, surtout lorsqu'on n'a aucun indice sur le titre du lingot.

On peut obtenir un résultat plus approximatif en employant un procédé analogue à celui de M. Le Play, pour l'essai des scories de cuivre très-pauvres.

Pour cela on composera des alliages d'argent et cuivre à des titres variant de 500 à 980 millièmes.

1re *Série.*

De 980 à 900.

| | | | | | |
|---|---|---|---|---|---|
| Cuivre | 20 | 40 | 60 | 80 | 100 |
| Argent | 980 | 960 | 940 | 920 | 900 |

2e *Série.*

| | | | | | |
|---|---|---|---|---|---|
| Cuivre | 120 | 140 | 160 | 180 | 200 |
| Argent | 880 | 860 | 840 | 820 | 800 |

3e *Série.*

| | | | | | |
|---|---|---|---|---|---|
| Cuivre | 220 | 240 | 260 | 280 | 300 |
| Argent | 780 | 760 | 740 | 720 | 700 |

*4e Série.*

| | | | | | |
|---|---|---|---|---|---|
| Cuivre | 320 | 340 | 360 | 380 | 400 |
| Argent | 680 | 660 | 640 | 620 | 600 |

*5e Série.*

| | | | | | |
|---|---|---|---|---|---|
| Cuivre | 420 | 440 | 460 | 480 | 500 |
| Argent | 580 | 560 | 540 | 520 | 500 |

On dissout 1 gramme de chacun de ces alliages dans 10 grammes d'acide azotique pur. On chasse les fumées d'acide et on ajoute 30 grammes d'eau distillée. On choisit, pour placer les dissolutions, des flacons bien identiques, que l'on bouche à l'émeri.

Cela étant, si l'on veut déterminer approximativement le titre d'un lingot, on en prendra 1 gramme qu'on fera dissoudre dans 10 grammes d'acide azotique ; les vapeurs acides étant chassées, on ajoutera 30 grammes d'eau distillée, et par la nuance de la dissolution on pourra déterminer tout de suite de laquelle des cinq séries se rapproche la dissolution, ensuite on la comparera à chacune des cinq dissolutions de cette même série. Avec de l'habitude on arrivera facilement à approximer le titre à 5 millièmes près.

## OBSERVATIONS.

Pour opérer convenablement, il faut placer les flacons de manière qu'ils soient également éclairés et faits d'un verre également épais et transparent.

### ESSAI D'OR A LA PIERRE DE TOUCHE.

Les touchaux pour l'essai d'or sont de plusieurs espèces.

On a des touchaux formés de lentilles composées d'argent et d'or, d'or et de cuivre, et enfin d'or, d'argent et de cuivre (le cuivre et l'argent en parties égales).

Chaque touchau se compose d'une étoile à cinq branches à chacune desquelles est soudée une lentille portant son titre gravé à la surface. Ordinairement les cinq titres sont : 583, 625, 667, 708, 750.

Pour estimer approximativement le titre d'un alliage on trace sur la pierre une touche sur laquelle on passe l'acide du touchau seul avec un agitateur en verre, soit simplement avec la pointe d'un bouchon effilé servant à fermer le flacon renfermant l'acide. On passe légèrement un linge sur le trait ainsi mouillé. On compare la nuance de la touche avec celles faites avec les lentilles aux différents titres jusqu'à ce qu'on arrive à peu près à la parité des teintes.

On choisit d'ailleurs telle ou telle étoile de touchaux suivant qu'on a affaire à un alliage contenant argent et or, or et cuivre, ou bien or, argent et cuivre.

Suivant la composition de l'acide du touchau on peut faire persister la trace d'un alliage à tel ou tel titre.

# CHAPITRE XIV.

## CENDRES D'ORFÉVRE. — AMALGAMATION. — TRAITEMENT DES CENDRES EN GRAND.

### CENDRES D'ORFÉVRE.

Les arts si variés dans lesquels on travaille les métaux précieux donnent lieu à des déchets et résidus auxquels on fait subir une série de manipulations avant d'en pouvoir extraire l'or et l'argent.

Tous les corps qui ont été en contact plus ou moins direct avec l'or et l'argent sont soigneusement conservés. Au premier rang nous citerons les fragments de creuset, de couvercles, les cendres des fourneaux, les balayures d'ateliers, les fragments de fil de fer employés en bijouterie et joaillerie, les eaux provenant des lavures de main, etc. Les substances telles que les débris de creuset sont broyées et réduites en poudre; les balayures qui contiennent des corps combustibles tels que du bois, du charbon, du papier, etc., sont, pour éviter un encombrement, brûlées à des intervalles plus ou moins rapprochés.

Tous ces résidus ainsi pulvérisés sont soumis au

lavage à la sébile. Cette manipulation exige une certaine habileté.

Les fragments qui restent dans la sébile, et auxquels on donne le nom de *menu gros*, sont mis à part pour être séchés et soumis à la fonte.

Avant de fondre il faut, si les grenailles renferment du fer, les en séparer au moyen d'un fort aimant.

## AMALGAMATION.

Tous les résidus qui n'ont pas été recueillis par la sébile, et qu'on désigne sous le nom de menus, sont soumis à l'amalgamation.

Cette opération se fait dans des moulins horizontaux en fonte cannelés extérieurement et intérieurement. Dans l'intérieur se trouve un deuxième cylindre creux également cannelé. Le cylindre creux intérieur s'introduit dans le moulin en ouvrant une moitié de l'un des fonds de ce dernier ; une ouverture circulaire pratiquée sur la surface du grand cylindre permet d'introduire la matière. Le travail se fait au moyen d'une manivelle à bras d'homme, sous les yeux mêmes du propriétaire des cendres. Ou bien, comme cela a lieu à Paris, dans l'usine de M. Lecarpentier, l'opération s'exécute au moyen de la vapeur.

Il est à remarquer qu'il y a des différences assez notables entre ces deux modes d'amalgamation. Il est d'ailleurs probable que la vapeur dans ce cas est encore appelée à supprimer le moteur animé, quoique cependant certains industriels, peut-être encore sous l'empire de l'habitude, préfèrent voir exécuter l'opération sous leurs yeux.

DÉTAILS.

On introduit par l'ouverture circulaire du moulin et au moyen d'un entonnoir, un volume de 30 à 32 litres de cendres mouillées. Pour que le mercure ait toute son action, la cendre ne doit être ni trop claire ni trop compacte.

Ensuite on verse de 12 à 15 kilogrammes de mercure, on ferme le moulin et on tourne pendant douze heures à raison de 14 ou 15 tours par minute. A ce moment on ouvre l'ouverture et en inclinant le moulin on laisse tomber les cendres dans un baquet, puis on fait une nouvelle charge de cendres; on tourne de nouveau pendant douze heures, et on continue la même série d'opérations jusqu'à ce qu'on suppose épuisée l'action du mercure. On peut dire en général que le mercure peut se charger du cinquième ou sixième de son poids d'argent : cette limite à l'enrichissement du mercure est nécessitée par la marche même de l'opération, qui serait entravée si la masse de l'amalgame devenait trop pâteuse.

L'opération étant donc terminée quant à l'amalgamation, on fait sortir les cendres, et quand la plus grande partie est ainsi enlevée, on renverse le moulin de manière à recevoir l'amalgame dans une sébile; on lave le mercure à grande eau, et l'on enlève, s'il y a lieu, les morceaux de fer qui se trouvent à la surface.

La masse renfermée dans la sébile présente trois couches superposées par ordre de densité, savoir : l'argent à la surface, le mercure ensuite, et enfin l'or.

On débarrasse l'amalgame de la plus grande partie du mercure en le pressant dans une peau de chamois ou une toile forte à mailles étroites. La partie qui reste dans la peau de chamois est ensuite soumise à la distillation dans une cornue en fonte composée de deux parties : la capsule, et le récipient composé du dôme et de son col. Ces deux parties peuvent se réunir au moyen de boulons, et donner une fermeture hermétique. La cornue est placée dans un fourneau, d'où sort le col; à celui-ci on lute une allonge en fer qui vient se rendre dans un vase plein d'eau. Le fourneau étant chauffé, le mercure se dégage en vapeur et vient se condenser dans l'eau. La matière restant dans la cornue est ensuite fondue et coulée en lingot.

Toute la portion de cendre qui a échappé à l'action du mercure est livrée à des usines spéciales qui en effectuent la fonte pour en séparer les métaux, or, argent et cuivre.

La fonte des cendres s'effectue par deux procédés différents. Dans le premier on emploie un fourneau à manche dans lequel la matière est mêlée au combustible. Dans le second, les cendres sont placées dans un four dit *laboratoire*, chauffé seulement par la flamme du fourneau.

Nous décrirons le premier procédé.

On mêle aux cendres des substances propres à déterminer la fusion et à concentrer l'or et l'argent dans une masse plombeuse.

On emploie surtout le sulfate de plomb, qu'on se procure relativement à bon marché, comme résultat de divers traitements métallurgiques.

Nous allons donner l'allure du travail dans une des usines de ce genre.

Le four est muni de tuyères qui lancent de 5 à 6 kilogrammes d'air par minute.

Par 24 heures on fond de 1,500 à 1,800 kilogrammes de cendres.

Les frais, pour 100 kilogrammes de cendres, se représentent à peu près de la manière suivante :

| | |
|---|---|
| Cendres de plomb, 0q,148 à 29 fr. les 100 kil... | 4,19 |
| Sulfate de plomb impur, 0q,062 à 6 fr. id...... | 0,37 |
| Coke, 0q,36 id........................ | 2,10 |
| Main-d'œuvre, 0j,33 id.................. | 0,62 |
| | 7,46 |

On perd en moyenne 3 grammes d'argent, et en général le plomb d'œuvre obtenu tient aux 100 kilogramme 694 grammes d'argent et 78 grammes d'or.

Le plomb d'œuvre est ensuite soumis à la coupellation dans des coupelles faites en cendres d'os.

On coupelle 62 kilogrammes par heure.

Les dépenses sont les suivantes pour 100 kilogrammes de plomb d'œuvre :

| | |
|---|---|
| Cendres d'os.................. | 0,51 |
| Houille........................ | 1,72 |
| Main-d'œuvre.................. | 0,84 |
| | 3,07 |

Dans l'usine que nous avons prise pour type, les bénéfices peuvent s'élever à 5 fr. 45 c. par 100 kilogrammes, en ayant égard aux frais du travail et ensuite aux frais généraux, qui, dans ce cas, s'elevaient à 30,000 francs.

Nous n'avons, du reste, pas la prétention de vouloir indiquer ici quelque chose d'absolu; la marche de l'opération, les frais sont subordonnés à une foule de circonstances que le lecteur aperçoit facilement.

---

## CHAPITRE XV.

### ESSAI DES CENDRES.

Les cendres provenant de l'amalgamation sont vendues d'après le résultat d'un essai.

La condition indispensable, et cependant souvent méconnue, pour obtenir le titre approximatif d'un lot de cendres, est de bien prendre l'échantillon. On comprend en effet que les cendres étant rarement homogènes dans toute la hauteur du tonneau où elles sont renfermées, ou du tas, si elles sont en grande quantité, on ne pourra pas se contenter d'en prendre un échantillon unique. Il faudra, avec une sonde en fer disposée à cet effet, puiser dans diverses parties de la masse, réunir ensuite toutes ces prises d'essai et les bien mélanger. C'est sur cette portion que l'essayeur doit porter son appréciation. On peut dire que les difficultés qui se présentent souvent dans la vente des cendres proviennent non pas d'un essai erroné, mais presque toujours de l'imperfection de la prise d'essai, imperfection dont l'essayeur n'est nullement responsable.

Nous avons plusieurs fois expérimenté sur tel lot de cendres renfermé dans un tonneau, et, en essayant divers échantillons pris par des personnes différentes sur ce même lot, nous avons pu remarquer des différences de titre assez grandes pour qu'on pût, si l'on n'avait su le contraire, supposer qu'ils se rapportassent à des cendres de nature différente.

Il y a donc intérêt à multiplier les coups de sonde, et l'on peut dire que la manière de les distribuer demande encore assez d'habitude ; cette précaution est d'autant plus importante que les cendres auront été moins bien tournées.

Suivant que la cendre soumise à l'essai est plus ou moins riche, on opère sur 10, 12 à 25 grammes. Ainsi, pour les cendres non tournées, on peut dire en général que 10 grammes suffisent, tandis que pour d'autres, qui ont été tournées et très-appauvries, 25 grammes pourraient quelquefois ne pas suffire.

Avant de commencer l'essai il faut en soumettre 15 à 20 grammes à la dessiccation, dans un bain de sable ou une étuve à 100 degrés.

De cette manière, connaissant la quantité d'eau contenue au moment de l'essai, on pourra, s'il y avait contestation, refaire un essai au bout d'un temps quelconque en opérant sur la matière desséchée.

Supposons donc qu'on a essayé la cendre desséchée; on en prendra, par exemple, 25 grammes qu'on mélangera avec des substances destinées à favoriser la fusion et à concentrer l'or et l'argent dans un culot plombeux.

Il est en général inutile d'employer un réductif pour ramener les oxydes à l'état métallique, car les cendres renferment presque toujours du charbon et du fer.

En opérant sur 25 grammes de cendres, on peut y ajouter, pour la fusion, 15 grammes de litharge, 15 de carbonate de soude, et 15 grammes de borax.

Le creuset est rempli à peu près à moitié et placé sur un fromage dans un fourneau où l'on peut déterminer le rouge blanc.

Au commencement de l'opération, il est bon de laisser le creuset ouvert; lorsque la matière ne bouillonne plus, on place le couvercle, et on juge que l'opération est terminée lorsque la masse est en fusion tranquille et la surface bien unie. On retire alors le creuset, on le laisse refroidir, et quand on peut le toucher avec la main, on achève le refroidissement en plaçant dans l'eau; on casse le creuset, et si l'opération est réussie, le culot doit être bien uni, se détacher facilement sans laisser de grenaille dans la scorie. On l'aplatit sur un tas, on le lave et on le brosse pour le débarrasser de toutes les portions non métalliques; ensuite on soumet à la coupellation.

Lorsque l'essai est terminé, le bouton de retour, brossé et aplati s'il y a lieu, est traité comme un essai d'or tenant argent.

En général l'or est obtenu en poudre.

OBSERVATIONS.

Au lieu de faire l'essai sur les cendres sèches, on peut le faire sur les cendres humides, et l'on fait dessécher un certain poids de cendres pour déterminer la quantité d'eau contenue.

La nature du fondant n'est pas absolue, et on doit la faire varier suivant les cendres. Ainsi, lorsque les cendres sont très-sulfurées, il est bon d'ajouter un peu de limaille de fer pour déterminer une matte où se concentre le soufre. S'il y a beaucoup de fer, on pourra ajouter de la fleur de soufre et du salpêtre.

Dans certains laboratoires on emploie, comme fondant, le mélange suivant, qui se rapporte à une prise d'essai de 10 grammes :

| | |
|---|---|
| Céruse......... | 100 à 150g |
| Résine........ | 1 à 1,5 |

Ce fondant est surtout applicable aux cendres riches et facilement fusibles.

Lorsque le culot plombeux est très-lourd, la coupellation dure longtemps et les pertes d'argent par volatilité peuvent être notables.

Dans ce cas on peut fractionner le culot et opérer la coupellation sur le tiers ou la moitié, suivant que les cendres sont présumées être plus ou moins riches.

Enfin, l'essai des cendres pourrait encore se faire par

la méthode de scorification indiquée au chapitre du plomb.

Nous allons exposer rapidement les procédés d'analyses de quelques minerais qu'on rencontre fréquemment.

---

# CHAPITRE XVI.

## ANALYSE DU CUIVRE PYRITEUX. — DE LA BLENDE. — DE LA GALÈNE. — DE L'OXYDE D'ÉTAIN.

---

### RECHERCHE DES MÉTAUX DANS UN ÉCHANTILLON DE CUIVRE PYRITEUX.

Nous admettrons que les seuls métaux soient le fer et le cuivre. La gangue est quartzeuse et calcaire.

On traite 2 à 3 grammes par l'acide chlorhydrique, on ajoute quelques gouttes d'acide azotique, on chauffe à une douce chaleur, jusqu'à ce que tous les métaux soient dissous, on filtre; la partie insoluble se compose de quartz et soufre.

En dissolution, on a la chaux, le fer et le cuivre.

On chasse l'excès d'acide azotique par la chaleur, ensuite on fait passer un courant d'hydrogène sulfuré, on précipite ainsi le cuivre ; au bout de vingt-quatre heures, on filtre, on lave sur le filtre, on sèche, on sépare la matière du filtre, on grille le filtre à part, on réunit les cendres au sulfure de cuivre, on place le tout dans un creuset de porcelaine taré, on ajoute un peu de fleur de soufre et l'on chauffe au rouge sombre en faisant en sorte d'éviter le contact de l'air.

L'augmentation de poids du creuset donne celui du sulfure de cuivre $Cu^2S$; le poids de cuivre s'obtient au moyen des équivalents.

Supposons que le sulfure résultant de l'analyse pèse 1g,5, l'équivalent du soufre étant 200 et celui du cuivre 395,70. Le poids $x$ du cuivre cherché sera donné par l'égalité $\frac{395,7 \times 2 + 200}{395,7} = \frac{1,5}{x}$ ou $\frac{991,4}{395,7} = \frac{1,5}{x}$

ou $x = \frac{395,7 \times 1,5}{991,4}$.

Pour obtenir le fer, on ajoute de l'ammoniaque à la liqueur filtrée où l'on a précipité le cuivre, on fait passer de nouveau l'hydrogène sulfuré pendant un certain temps; le fer est précipité. On recueille sur un filtre, on lave avec de l'acide chlorhydrique moyennement étendu, le sulfure de fer est dissout. On peroxyde le fer par quelques gouttes d'acide azotique, la liqueur étant chaude, on ajoute de l'ammoniaque, on obtient un précipité rouge gélatineux, on chauffe environ vingt-quatre heures, on décante, on remplit d'eau distillée et l'on chauffe encore quelques heures. On filtre, on lave à l'eau chaude ; on fait sécher le filtre, on sépare du papier qu'on grille à part, on réunit ses cendres au précipité qu'on chauffe au rouge sous le moufle, et l'on obtient le peroxyde de fer en prenant l'augmentation de poids de la capsule qui le renferme. Le fer se détermine en calculant les 0,70 du poids du peroxyde.

Cette analyse est très-longue et cependant elle se rapporte à un minerai pyriteux fort simple, car il peut renfermer, outre le fer et le cuivre, du plomb, du zinc et de l'arsenic, et la séparation de ces métaux est longue et difficile. Le cadre de ce traité ne nous permet pas d'entrer dans de plus grands détails à cet égard.

### ANALYSE DE LA BLENDE OU SULFURE DE ZINC.

La blende peut contenir :

Soufre,
Zinc,
Galène,
Pyrite arsenicale,
Fer,
Gangues calcaires ou argileuses.

Pour doser le zinc seul, on attaque 2 à 3 grammes par l'acide azotique ; après quelques heures de digestion on ajoute de l'acide sulfurique, on évapore progressivement à sec dans une capsule de porcelaine, on reprend par l'eau ; on filtre et on lave sur le filtre. La dissolution renferme comme métaux le fer et le zinc, avec une très-petite quantité de plomb. On verse un peu d'acide hydrochlorique, on fait passer de l'hydrogène sulfuré et l'on sature par l'ammoniaque. On filtre, on sèche le filtre, on détache la matière adhérente, on place dans une capsule de porcelaine, on y ajoute les cendres du filtre grillé, et l'on chauffe de manière à transformer le sulfure de zinc en oxyde.

L'oxyde de zinc obtenu est souvent coloré par l'oxyde de fer et mélangé à de l'alumine : c'est là une cause d'erreur qui fait quelquefois remplacer l'acide hydrochlorique par l'acide acétique en saturant préalablement par l'ammoniaque.

Le poids du zinc se déduit de celui de l'oxyde, comme nous l'avons indiqué précédemment pour l'analyse de la pyrite cuivreuse.

### ANALYSE D'UNE GALÈNE.

La galène peut renfermer :

Plomb,
Zinc,
Fer,
Quartz,
Carbonate de chaux.

On élimine la chaux en traitant 2 à 3 grammes du minerai pulvérisé par l'acide acétique. On lave par décantation et l'on traite la partie insoluble par l'acide azotique, on ajoute de l'acide sulfurique, on chauffe au rouge sombre dans une capsule de porcelaine, on laisse refroidir, on reprend par l'eau.

La partie insoluble contient plomb, fer et quartz.

En dissolution on a le zinc et une petite portion de fer. Dans cette partie on peroxyde le fer par quelques gouttes d'acide nitrique, on précipite le fer par l'ammoniaque, et ensuite le zinc par l'hydrogène sulfuré en rendant préalablement la liqueur acétique.

La partie insoluble contenant le plomb est traitée par ébullition avec du carbonate de soude. On traite ensuite par l'acide hydrochlorique. On évapore à sec et on reprend par l'acide hydrochlorique. Le plomb est dissous; on précipite par l'hydrogène sulfuré en étendant progressivement d'eau froide. Le fer reste en dissolution, on le précipite s'il y a lieu, comme nous l'avons indiqué. Quant au sulfure de plomb, on le dissout dans l'acide azotique, on place dans une capsule de porcelaine tarée, on calcine au rouge et l'on obtient après refroidissement, par l'augmentation du poids de la capsule, celui du bioxyde de plomb formé. Le métal s'en déduit par un calcul simple, comme nous l'avons indiqué précédemment.

## ANALYSE DE L'OXYDE D'ÉTAIN.

L'oxyde d'étain peut contenir :

| | |
|---|---|
| Etain, | Chaux, |
| Plomb, | Tungstène, |
| Zinc, | Fer, |
| Arsenic, | Manganèse. |

On porphyrise une portion de l'échantillon et l'on en prend de 5 à 10 grammes, suivant qu'il est plus ou moins pur.

On traite par l'acide chlorhydrique additionné d'un eu d'acide nitrique, on chauffe à douce chaleur ; on dissout ainsi plomb, zinc, fer.

Dans la partie insoluble se trouve le tungstène, l'oxyde d'étain et de fer.

On dissout l'acide tungstique par l'ammoniaque, on filtre, on lave sur le filtre avec de l'eau ammoniacale.

On sèche la partie insoluble, on la place dans une nacelle en porcelaine que l'on glisse dans un tube de porcelaine dont l'une des extrémités communique avec un appareil à dégagement d'hydrogène, l'autre extrémité porte un bouchon dans lequel entre un tube en verre effilé.

Lorsque l'on juge que tout l'air du flacon à hydrogène est expulsé, on chauffe au rouge le tube en porcelaine, et l'on continue l'opération tant qu'il se dégage de la vapeur d'eau par le tube effilé. L'opération étant terminée, on laisse refroidir le tube. On retire la nacelle on détache la matière qu'elle renferme et on lave la nacelle à l'eau régale faible, on traite la partie détachée par l'eau régale qui dissout l'étain et le fer. On traite par l'ammoniaque et l'hydrosulfate d'ammoniaque; on dissout l'étain, le fer reste insoluble. On filtre, et dans la dissolution on précipite l'étain en décomposant par l'acide chlorhydrique le sulfure double d'étain et d'ammonium; on a en précipité soufre et sulfure d'étain, on filtre, on lave sur le filtre, on sèche, sépare du papier, on grille le filtre à part, on réunit les cendres à la portion détachée et on met le tout dans un creuset en porcelaine avec addition de fleur de soufre. On chauffe au rouge. L'augmentation de poids du creuset donne le sulfure d'étain. On en déduit l'étain par un petit calcul connu.

Le fer s'obtiendrait en dissolvant sur le filtre le sulfure précipité et continuant comme on l'a vu précédemment.

# CHAPITRE XVII.

## PRÉPARATION DE L'ARGENT CHIMIQUEMENT PUR.

Pour obtenir de l'argent chimiquement pur, on se procure une dissolution nitrique de ce métal, et, après avoir préparé une dissolution filtrée de chlorure de sodium, on la verse dans la liqueur de nitrate d'argent; il se forme un précipité de chlorure d'argent; on laisse reposer, on verse de nouveau le chlorure et l'on agite le précipité; on laisse reposer, et l'on continue l'opération jusqu'à ce que l'addition d'une nouvelle quantité de sel ne produise aucun trouble dans la liqueur; on décante alors et on lave à plusieurs reprises; ayant débarrassé le précipité de toute l'eau qu'on peut enlever, on porte dans une capsule d'argent et l'on sèche.

On procède ensuite à la réduction du chlorure au moyen du mélange suivant :

| | |
|---|---|
| Chlorure d'argent. . . . . . . . | 100 grammes. |
| Craie ou carbonate de chaux. . | 60 à 70 |
| Charbon de bois. . . . . . . . . | 2 à 3 |

On porte dans un creuset qui ne doit être rempli

qu'à la moitié ou aux deux tiers, on fond en ménageant la température dans le commencement, pour éviter les boursouflements. La matière étant en fonte tranquille, on retire du feu, on laisse refroidir et on casse le creuset. Le culot obtenu est essayé, et s'il n'est pas à 1000 millièmes, on le dissout dans l'acide nitrique et l'on recommence la précipitation et la fonte comme nous l'avons indiqué.

---

## CHAPITRE XVIII.

### PROCÉDÉ DE M. PATENSON POUR LE TRAITEMENT DES PLOMBS ARGENTIFÈRES.

M. Patenson a découvert un procédé fort simple qui permet d'enrichir considérablement les plombs pauvres, et cela avec une économie telle, que l'on peut par ce moyen retirer l'argent des plombs ne contenant que 0,00008 d'argent, c'est-à-dire 8 grammes aux 100 kilogrammes.

On a remarqué que, dans un bain de plomb argentifère, il se produit par l'agitation et le refroidissement des cristaux de plomb que l'on peut enlever à l'écumoire, et dont la richesse en argent est plus faible que celle du plomb restant.

Cependant la richesse des cristaux va en augmentant à mesure que la masse en fusion diminue, et la teneur en argent des cristaux est toujours moindre que celle du bain d'où on les retire.

L'atelier comprend ordinairement huit chaudières de 0,128 de diamètre intérieur.

Dans une chaudière renfermant un poids P de plomb argentifère contenant 1 p. 100 d'argent, si on enlève les $\frac{2}{3}$ de P en cristaux, l'alliage résultant tiendra le $\frac{1}{3}$ en argent, et la partie $\frac{1}{3}$ P renfermera $\frac{2}{3}$ d'argent.

La perte en plomb est d'ailleurs variable avec la nature du plomb d'œuvre employé.

Le plomb riche séparé est soumis à la coupellation ordinaire.

En faisant ainsi précéder la coupellation d'une concentration de l'argent, on arrive à n'avoir pour frais que le tiers de ce qu'aurait nécessité la coupellation directe.

A Newcastle, les frais s'élèvent pour les deux opérations à 16 ou 17 francs par 100 kilogrammes de plomb argentifère.

(*Annales des Mines,* 3e série, tomes X et XIV.)

# CHAPITRE XIX.

## AFFINAGE DE L'ARGENT FOURNI PAR LA COUPELLATION. — PRÉPARATION DE L'OR CHIMIQUEMENT PUR. — CARACTÈRES DE L'ALUMINIUM A LA COUPELLE.

### AFFINAGE DE L'ARGENT BRUT FOURNI PAR LA COUPELLATION.

L'argent obtenu par coupellation renferme toujours de 2 à 8 p. 100 de métaux étrangers. Pour le purifier du plomb qu'il peut contenir, on se fonde sur l'absorption de la litharge par une sole calcaire fraîchement battue. On soumet l'argent impur à une influence oxydante en brassant, si l'on veut, avec de l'argile pulvérulente.

Comme exemple des fourneaux employés pour cette opération, nous citerons celui de Poullauen.

La coupelle est placée dans un véritable laboratoire, au-dessus duquel se trouve une deuxième sole où l'argent est préalablement chauffé au rouge.

On raffine à la fois 15 kilogrammes d'argent ; l'opération dure sept heures.

L'argent obtenu est ordinairement à 0g,998.

Les litharges provenant des divers traitements du

minerai d'argent sont révivifiées par fusion, soit au fourneau à réverbère, soit au fourneau à manche.

Les fonds de coupelles sont ordinairement repassés dans le traitement des cendres d'orfévre.

## PRÉPARATION DE L'OR CHIMIQUEMENT PUR.

### Procédé de M. Levol.

On dissout une pièce d'or, par exemple, dans un mélange d'acides azotique et chlorhydrique renfermant, pour 4 parties du second acide, 2 parties du premier. On laisse digérer jusqu'à ce que tout l'or soit dissous, on filtre pour séparer le chlorure d'argent, et l'on ajoute dans la liqueur un excès de protochlorure d'antimoine dissous dans un mélange d'eau et d'acide chlorhydrique. En chauffant légèrement la liqueur, l'or se précipite sous la forme de petites paillettes qui se rassemblent rapidement. On lave par décantation d'abord avec de l'acide chlorhydrique, ensuite avec de l'eau, on rassemble l'or, on sèche, on place dans un petit creuset de terre avec du borax et du nitre, et l'on fond.

## CARACTÈRES DE L'ALUMINIUM A LA COUPELLE.

L'aluminium, dont la densité est 2,56, peut être fondu ; mais lorsqu'on en passe un fragment à la coupelle, le morceau conserve sa forme. En le passant avec du plomb, l'aluminium ne prend pas la forme sphérique comme l'argent, il présente l'aspect d'une végétation, et, après refroidissement, prend une couleur d'un gris noir. Ce métal d'ailleurs ne passe pas dans les pores de la coupelle. Jusqu'ici, il n'a pu être soudé, ce qui restreint beaucoup ses usages, lors même que son prix diminuerait.

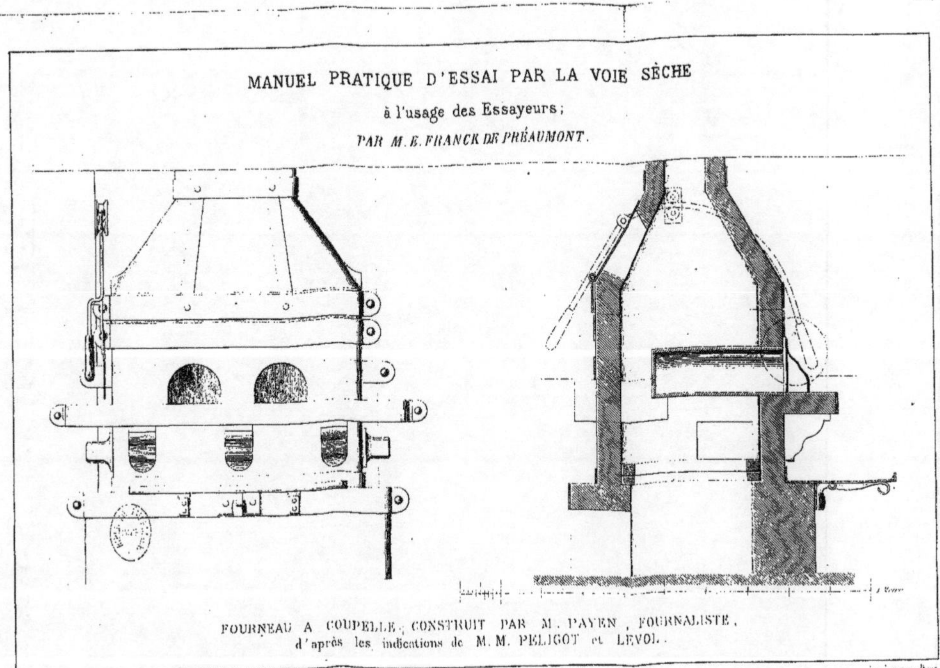


FOURNEAU A COUPELLE; CONSTRUIT PAR M. PAYEN, FOURNALISTE, d'après les indications de M. M. PELIGOT et LEVOL.

Mallet-Bachelier, Éditeur.

# EXTRAIT DU CATALOGUE GÉNÉRAL

DE

# MALLET-BACHELIER,

IMPRIMEUR-LIBRAIRE,

**Quai des Augustins, 55.**

---

Le Catalogue général est envoyé aux personnes qui en font la demande par lettre affranchie.

**En envoyant à M. Mallet-Bachelier un mandat sur la Poste, les Ouvrages seront adressés *franco* dans toute la France.**

---

**ALLIX,** Lieutenant général. — **Théorie de l'Univers,** ou de la Cause primitive du Mouvement et de ses principaux effets. 2e éd. in-8; 1818 .......................... 5 fr.

**AMADIEU. — Notions élémentaires de Géométrie descriptive** exigées pour l'admission aux diverses écoles du Gouvernement. In-8; 1838 ............... 2 fr. 50 c.

**AMADIEU. — Notions élémentaires d'Algèbre exigées** pour l'admission aux Écoles Navale, de Saint-Cyr et Forestière. 2e édit.; 1848 .......................... 3 fr.

**AMPÈRE. — Description d'un Appareil Électro-Dynamique.** In-8 .......................... 1 fr. 50 c.

**AMPÈRE,** de l'Académie des Sciences. — **Essai sur la Philosophie des Sciences,** ou Exposition analytique d'une classification naturelle de toutes les connaissances humaines, etc. 2 vol. in-8; 1843 et 1857 ...... 10 fr.

Le Tome Ier se vend séparément .......... 5 fr.

**ANNALES DE L'OBSERVATOIRE IMPÉRIAL DE PARIS,** publiées par M. *Le Verrier*. In-4. 1855-1856, tome 1er et 2e .......................... 54 fr.

Chaque volume se vend séparément ........ 27 fr.

Il a été tiré quelques exemplaires sur cavalier vélin double; le prix de chaque volume est ...................... 40 fr.

Le 3e volume est *sous presse*.

**ANNUAIRE POUR L'AN 1857**, publié par le Bureau des Longitudes. In-18.................. 1 fr.

**ATLAS DES ANNALES DE L'OBSERVATOIRE IMPÉRIAL DE PARIS. 1re et IIe Livraisons**, comprenant **12 Cartes écliptiques**, construites par M. *Chacornac*, astronome à l'Observatoire de Paris.
Chaque livraison se vend séparément... .... 12 fr.

**OBSERVATIONS MÉTÉOROLOGIQUES FAITES A L'OBSERVATOIRE IMPÉRIAL DE PARIS pendant les années 1854 et 1855.** In-4. 3 fr. 50 c.

— **Pendant 1856**.............................. 2 fr.

**ARAGO** (**F.**), Secrétaire perpétuel de l'Académie des Sciences. — **Œuvres complètes.** 14 vol. in-8... 90 fr.
Chaque volume se vend séparément...... 7 fr. 50 c.

*En vente :*

Tomes I, II et III (**Notices biographiques**).
Tomes I, II et III (**Notices scientifiques**).
Tomes I, II et III (**Astronomie populaire**).

**ARAGO** (**F.**). — **Sur l'ancienne École Polytechnique.** In-8........................................ 50 c.

**ARAGO** (**F.**). — **Biographie de Jean-Sylvain Bailly**, Astronome de l'ancienne Académie des Sciences, Membre de l'Académie française et de l'Académie des Inscriptions et Belles-Lettres, premier Président de l'Assemblée constituante, premier Maire de Paris, etc. In-18; 1853. 50 c.

**ARAGO** (**F.**). — **Analyse de la vie et des travaux de sir William Herschel.** In-8 ..................... 2 fr.

**ARCHIMÈDE** (**OEuvres d'**); traduction littérale et complète, par M. *Peyrard*, professeur de Mathématiques et d'Astronomie. In-4. (Au lieu de 42 fr., prix primitif). 20 fr.

**Les mêmes**, 2 v. in-8. (Au lieu de 24 fr. prix prim.). 12 f.
(Il reste peu d'exemplaires de ce format.)

**BABINET**, membre de l'Institut. — **Études et Lectures sur les Sciences d'observation, et leurs applications pratiques.** In-12 sur papier fin.
Chaque volume se vend séparément...... 2 fr. 50 c.

**Le 1er** volume contient : *sur les Mouvements extraordinaires de la mer, — les Comètes au XIXe siècle, — la Télégraphie électrique, — l'Astronomie en 1852 et 1853, — Astronomie* *descriptive*, — *la Perspective aérienne*, — *le Stéréoscope et la vision binoculaire*. — *Voyage dans le Ciel*.

Le 2e volume contient : *les Tables tournantes et les manifestations prétendues surnaturelles*, — *l'Électricité ouvrière*, — *la Sibérie et les climats du Nord*, — *Influence des Courants de la mer sur les climats*, — *sur les Tremblements de terre et sur la constitution intérieure du globe*, — *Bulletin de l'Astronomie et des Sciences pour* 1853 *et* 1854, — *de l'Arrosement du globe*, — *des Tables tournantes au point de vue de la Mécanique et de la Physiologie*, — *la Météorologie en* 1854 *et ses progrès futurs*.

Le 3e volume contient : *du Diamant et des Pierres précieuses*, — *des Phares et de la Lumière artificielle*, — *Physique du globe*, — *Quillebœuf*, — *la Méditerranée*, — *de la Pluralité des mondes*.

Le 4e volume sera publié en juillet 1857.

**BARRESWIL et DAVANNE.** — **Chimie photographique**, contenant les éléments de Chimie expliqués par les manipulations photographiques. — Les procédés de Photographie sur plaque, sur papier sec ou humide, sur verres au collodion et à l'albumine. — La manière de préparer soi-même, d'employer tous les réactifs et d'utiliser les résidus. — Les recettes les plus nouvelles et les derniers perfectionnements. — La Gravure et la Lithophotographie 2e edit. In-8 avec figures dans le texte, imprimé sur carré fin. (*Sous presse*.)

**BENOIT** (**P.-M.-N.**), ingénieur civil, ancien élève de l'Ecole Polytechnique, l'un des cinq fondateurs de l'Ecole centrale des Arts et Manufactures. — **La Règle à Calcul expliquée, ou Guide du Calculateur à l'aide de la Règle logarithmique à tiroir**, dans lequel on indique le moyen de construire cet instrument, et l'on enseigne à y opérer toutes sortes de calculs numériques. Fort vol. in-12, avec pl.; 1853.......................... 5 fr.

**BERTHOUD.** — **Œuvres complètes sur l'Horlogerie.** 10 vol. in-4.......................... 160 fr.

Chaque Traité se vend séparément. (Voir le *Catalogue général*.)

**BEZOUT.** — **Traité d'Arithmétique**, à l'usage de la Marine et de l'Artillerie; avec Notes du baron *Reynaud*. 21e édition, in-8.......................... 3 fr. 50 c.

**BEZOUT** pur. — **Traité d'Arithmétique,** à l'usage de la Marine et de l'Artillerie. 21e édition, in-8; 1854. 2 fr.

— **Le même,** suivi des Tables des Poids et Mesures et des Tables de Logarithmes depuis **1** jusqu'à **10 000.** 2 fr. 50 c.

**BEZOUT.** — **Cours de Géométrie,** contenant la **Géométrie,** la **Trigonométrie rectiligne** et la **Trigonométrie sphérique;** avec des Notes sur les **Éléments de Géométrie descriptive** et des **Problèmes.** Avec 22 planches. 7 fr. 50 c.

**Géométrie pure,** avec 7 planches....... 4 fr. » c.
Les **Notes,** avec 15 planches........... 4 fr. 50 c.

**BEZOUT.** — **Éléments de Géométrie,** suivis de la **Géométrie démontrée plus rigoureusement;** par *Peyrard.* 7e édit.; in-8, avec pl.; 1832.................. 7 fr.

**BIOT** et **ARAGO.** — **Recueil d'Observations géodésiques, astronomiques et physiques,** exécutées par ordre du Bureau des Longitudes, en Espagne, en France, en Angleterre et en Écosse, etc.; ouvrage faisant suite au tome troisième de la **Base du Système métrique.** In-4, avec figures; 1821.......................... 21 fr.

**BIOT,** membre de l'Institut. — **Traité élémentaire d'Astronomie physique.** 3e édit., entièrement refondue et considérablement augmentée; 5 vol. in-8; avec Atlas de 94 planches.......................... 65 fr.

**BLUM (A.).** — **Collection de Tableaux polytechniques, Aide-Mémoire et Résumés scientifiques, publiée sous sa direction.**

---

**TABLEAUX EN VENTE.**

Résumé d'**Arithmétique,** par M. *A. Blum,* 1 feuille.

— de **Géométrie élémentaire** (2 tableaux), par M. *A. Blum,* 2 feuilles, avec figures.

Résumé d'**Algèbre** (1er, 2e tableaux), par M. *A. Blum*, 2 feuilles.

— d'**Algèbre** (3e, 4e et 5e tableaux, contenant la Théorie générale des Equations), par M. *Ossian Bonnet*, ancien élève de l'Ecole Polytechnique.

— de **Trigonométrie rectiligne**, par M. *A. Blum*, 1 feuille in-plano, avec figures.

— de **Géométrie descriptive** (1er tableau), par M. *Bertaux-Levillain*, ancien élève de l'Ecole Polytechnique; 1 feuille, avec figures.

— de **Statique**, par M. *Hervé-Mangon*, ancien élève de l'Ecole Polytechnique et ingénieur des Ponts et Chaussées; 1 feuille, avec figures.

— de **Physique de l'Ecole Polytechnique**, (1er et 2e tableaux), par M. *Cabart*, répétiteur à ladite Ecole; 2 feuilles, avec figures.

— de **Chimie** (1er, 2e et 3e tableaux), par M. *Dezé*, ancien élève de l'Ecole Polytechnique, répétiteur à l'Ecole spéciale militaire de Saint-Cyr; 3 feuilles, avec figures.

— de **Calcul différentiel**, par M. *Serret*, ancien élève de l'Ecole Polytechnique.

— de l'**Éclairage au gaz**, par M. *Santin*, ingénieur, ancien élève de l'École des Mines.

Questions choisies de **Mathématiques élémentaires**, par M. *Guilmin*, ancien élève de l'Ecole Normale, professeur.

— de **Géométrie analytique**, par M. *Cabart*.

Questions choisies de **Mathématiques spéciales**, avec les réponses (1er tableau), par M. *Ch. Roguet*, professeur de Mathématiques.

---

Chaque tableau en feuilles in-plano........ » fr. 80 c.

— plié en un carton in-8....... 1 »

---

Tirage grand in-8 formant Memento pour les différents candidats :

Élémentaires.................. 5 fr. 50 c.
Spéciales.................... 8 50

---

La Collection des tableaux parus formant l'*Atlas Polytechnique*, cartonné in-folio.................... 20 fr.

**BOILEAU (P.)**, professeur de Mécanique appliquée à l'École impériale d'application de l'Artillerie et du Génie. — **Traité de la Mesure des Eaux courantes.** In-4, avec 7 planches ; 1854.................... 20 fr.

**BORGNIS.** — **Œuvres complètes**.............. 150 fr.

**BOUCHARLAT (J.-L.)**, professeur de Mathématiques transcendantes aux Écoles militaires. — **Théorie des Courbes et des Surfaces du second ordre**, ou **Traité complet d'application de l'Algèbre à la Géométrie.** 3e édition, revue, corrigée et augmentée de **Notes et des principes de la Trigonométrie rectiligne.** In-8, avec planches ; 1845.................... 8 fr.

**BOUCHARLAT.** — **Calcul différentiel et intégral.** In-8; 1852.................... 8 fr.

**BOURDON**, ancien Examinateur d'admission à l'École Polytechnique. — **Éléments d'Arithmétique.** 30e édit., rédigée conformément aux nouveaux Programmes de l'enseignement dans les Lycées ; in-8; 1857. (*Adopté par l'Université.*).................... 4 fr.

**BOURDON.** — **Éléments d'Algèbre.** 11e édition ; revue, avec des notes en rapport avec les nouveaux *Programmes*. In-8; 1856. (*Adopté par l'Université*).............. 8 fr.

**BOURDON.** — **Application de l'Algèbre à la Géométrie**, comprenant la Géométrie analytique à deux et à trois dimensions. 5e édit., revue, corrigée et considérablement augmentée; fort volume in-8, avec pl. ; 1854. (*Adopté par l'Université*).............. 7 fr. 50 c.

**BOURDON.** — **Trigonométrie rectiligne et sphérique**, rédigée conformément aux nouveaux *Programmes* de l'enseignement dans les Lycées. In-8, avec figures dans le texte ; 1854. (*Adopté par l'Université.*).......... 3 fr.

**BOURGEOIS** et **CABART**, anciens élèves de l'École Polytechnique, professeurs au Collége Stanislas. — **Leçons nouvelles sur les Applications pratiques de la Géométrie et de la Trigonométrie**, à l'usage des *Candidats au Baccalauréat ès Sciences et à l'École Polytechnique*. 2e édition; in-8, avec 5 planches; 1857.... 3 fr. 50 c.

**BOUSSINGAULT**, membre de l'Institut. — **Mémoires de Chimie agricole et de Physiologie**. In-8 avec planches; 1854........................................ 7 fr.

**BRESSE**, ingénieur des Ponts et Chaussées, répétiteur de mécanique aux Écoles impériales Polytechnique et des Ponts et Chaussées. — **Recherches analytiques sur la flexion et la résistance des pièces courbes**, accompagnées de Tables numériques pour calculer la poussée des arcs chargés de poids d'une manière quelconque, et leur pression maximum sous une charge uniformément répartie. In 4, avec planches; 1854.................. 15 fr.

**BRESSE**. — **Mémoire sur un Théorème nouveau, concernant les mouvements plans, et sur l'application de la Cinématique à la détermination du rayon de courbure**. In-4; 1853.................................. 3 fr.

**BRESSON (J.)**. — **De la Liquidation des marchés à terme à la Bourse de Paris**, avec un aperçu sur les fonds publics anglais. In-12; 1826............. 2 fr.

**BRESSON**. — **Traité élémentaire de Mécanique appliquée aux Sciences physiques et aux Arts. — Mécanique des corps solides**. In-4, et atlas de 18 planches doubles; 1842.................................... 20 fr.

**BRIOSCHI (F.)**, professeur de Mathématiques à l'Université de Pavie. — **Théorie des Déterminants et leurs principales applications**; traduit de l'italien par M. *E. Combescure*, professeur de Mathématiques. In-8; 1856. 5 fr.

**BRUNEAU**, avocat. — **Histoire des Houillères du Nord et du Pas-de-Calais**; comprenant l'origine, l'organisation, le développement des exploitations, l'indication des valeurs des actions, précédée d'un exposé de la législation en matière de mines. 3 vol. in-8, avec une Carte à l'échelle du Dépôt de la Guerre......... 20 fr.

## BUREAU DES LONGITUDES DE FRANCE.

**Observations astronomiques faites à l'Observatoire de Paris**, publiées par le Bureau des Longitudes. In-folio, tome Ier; années 1810 à 1819 .......... 50 fr.

Tome II; années 1820 à 1828 .......... 50 fr.

**Observations astronomiques faites à l'Observatoire de Paris.** 10 vol. in-fol. reliés. (*Nouvelle série*), années 1837 à 1847 inclusivement .......... 150 fr.

**Tables écliptiques des Satellites de Jupiter**, d'après la théorie de Laplace et la totalité des observations faites depuis 1662 jusqu'à l'an 1802; par *Delambre*. In-4; 1817. 10 fr.

**Tables écliptiques des Satellites de Jupiter**; par M. *Damoiseau*. In-4; 1836 .......... 15 fr.

**Tables de la Lune**, formées par la seule théorie de l'attraction et suivant la division de la circonférence en 360 degrés; par M. *Damoiseau*. In-fol.; 1828 .......... 18 fr.

**Connaissance des Temps**, à l'usage des Astronomes et des Navigateurs,

Prix de chaque année sans Additions .......... 5 fr.

pour 1849, avec Additions par M. Le Verrier. 10 fr. »
pour 1850, avec Additions par M. Liouville .. 7 fr. 50 c.
pour 1851, avec Additions par M. Caillet..... 7 fr. 50 c.
pour 1853, avec Additions par M. A. Perrey.. 7 fr. 50 c.
pour 1854, avec Additions par M. Poinsot.... 10 fr. »
pour 1855, avec Additions par M. Poinsot.... 7 fr. 50 c.
pour 1856, avec Additions par M. Laugier.... 7 fr. 50 c.
pour 1857, avec Additions par M. Daussy.... 6 fr. »
pour 1858, avec Additions par M. Poinsot.... 7 fr. 50 c.
pour 1859, avec Additions par M. Liouville .. 7 fr. 50 c.

*On peut se procurer la Collection complète, ou des années séparées de cet Ouvrage, depuis 1760 jusqu'à ce jour.*

**CAHOURS (Auguste)**, examinateur de sortie pour la Chimie à l'École impériale Polytechnique. — **Leçons de Chimie générale élémentaire**, professées à l'École Centrale des Arts et Manufactures. 2 vol. in-18 illustrés de 260 figures sur bois intercalées dans le texte et de 8 pl.; 1856 .......... 12 fr.

**CAILLET.** — **Traité élémentaire de Navigation**, à l'usage des officiers de la Marine militaire et de la Marine marchande. 2<sup>e</sup> édition, revue et corrigée. In-8 avec planches........................................ 9 fr.

**CAILLET.**—**Tables des Logarithmes et co-Logarithmes des nombres et des Lignes trigonométriques**, disposées de manière à rendre les parties proportionnelles toujours additives; suivies de **Tables astronomiques et nautiques**. In-8........................................ 9 fr.

**CARNOT (L.-N.-M.)**, membre de l'Institut. — **De la corrélation des Figures de Géométrie.** In-8, avec planches; gr. papier; 1801........................ 3 fr.

**CARNOT (L.-N.-M.).** — **Principes fondamentaux de l'Équilibre et du Mouvement.** In-8, avec planches; 1803........................................ 5 fr.

**CATALAN (E.)**, ancien élève de l'École Polytechnique. — **Manuel des Candidats à l'École Polytechnique.** Tome I<sup>er</sup>, contenant: **Algèbre, Trigonométrie, Géométrie analytique à deux dimensions.** In-18 avec 167 figures dans le texte; 1857........................ 5 fr.

Le tome II est *sous presse.*

**CAUCHY** (Aug.), membre de l'Académie des Sciences. — **Exercices d'Analyse et de Physique mathématiques.** 4 volumes in-4........................................ 72 fr.

*Chaque volume se vend séparément*.................. 18 fr.

**CAUCHY.** — **Exercices de Mathématiques.** 51 livraisons in-4........................................ 80 fr.

Cet ouvrage a paru par livraisons, dont quelques-unes se vendent séparément.

**CAUCHY.** — **Mémoire sur la Résolution des équations numériques et sur la Théorie de l'élimination.** In-4; 1829........................................ 3 fr.

**CAUCHY.** — **Détermination des racines réelles.** In-4; 5 fr.

**CAUCHY.** — **Résolution des équations d'un degré quelconque.** In-4........................ 2 fr. 50 c.

**CAUCHY.** — **Mémoire sur les intégrales définies, prises entre des limites imaginaires.** Brochure in-4 de 67 pages; 1825........................................ 3 fr. 50 c.

**CAUCHY. — Mémoire sur l'application du calcul des résidus à la solution des problèmes de physique mathématique.** In-4; 1827 ... 3 fr. 50 c.

**CAUCHY. — Résumés analytiques.** 5 numéros in-4. Turin; 1833. Ouvrage complet ... 7 fr. 50 c.

**CAUCHY. — Nouveaux exercices de Mathématiques.** In-4 de 8 cahiers. Prague; 1835 et 1836 ... 12 fr.

**CAUCHY. — Mémoire sur la Théorie de la Lumière.** In-8; 1830 ... 50 c.

**CAUCHY. — Mémoire** sur le Système des valeurs qu'il faut attribuer à divers éléments déterminés par un grand nombre d'observations, pour que la plus grande de toutes les erreurs, abstraction faite du signe, devienne un minimum. In-4 ... 5 fr.

**CAUCHY. — Méthode** pour déterminer à priori les nombres des racines réelles positives et le nombre des racines réelles négatives d'une équation d'un degré quelconque. In-8; 1813 ... 80 c.

**CAUCHY. — Mémoire sur la rectification des Courbes et des Quadratures des surfaces courbes.** In-4 autographié. 1832 ... 1 fr.

**CHAPMAN. — Traité de la Construction des Vaisseaux,** traduit du suédois par *Vial de Clairbois*. In-4, avec 20 pl. 21 fr.

**CHEVREUL (M.-E.),** membre de l'Institut. — **De la Baguette divinatoire, du Pendule dit explorateur et des Tables tournantes, au point de vue de l'Histoire, de la Critique et de la Méthode expérimentale.** In-18; 1854 ... 5 fr.

**CHOQUET,** docteur des Sciences, professeur de Mathématiques, ancien répétiteur à l'École d'Artillerie de la Flèche. — **Traité d'Algèbre.** In-8, 1856 ... 7 fr. 50 c.

**CLAIRAUT. — Éléments d'Algèbre**; 6e édition, avec des **Notes** et des **Additions très-étendues**, par M. *Garnier*; précédés d'un **Traité d'Arithmétique**, par *Theveneau*, et d'une **Instruction sur les nouveaux Poids et Mesures.** 2 vol. in-8; 1801 ... 10 fr.

**CLAIRAUT. — Éléments de Géométrie**; à l'usage des Écoles élémentaires. Nouvelle édition; in-8. 2 fr. 50 c.

**COMMERCIUM EPISTOLICUM J. COLLINS ET ALIORUM DE ANALYSI PROMOTA**, etc., ou **CORRESPONDANCE** de *J. Collins* et d'autres Savants célèbres du XVII$^{e}$ siècle, relative à l'**ANALYSE SUPÉRIEURE** : réimprimée sur l'édition originale de 1712 avec l'indication des variantes de l'édition de 1722, complétée par une collection de pièces justificatives et documents, et publiée par M. *J.-B. Biot*, membre de l'Institut, et M. *F. Lefort*, ingénieur en chef des Ponts et Chaussées. In-4, avec figures intercalées dans le texte; 1856........................................ 15 fr.

**COMTE (A.)**, ancien élève de l'École Polytechnique. — **Cours de Philosophie positive.** 6 vol. in-8.

**CONDORCET.** — **Moyens d'apprendre à compter avec facilité**, divisés en 12 leçons. Nouvelle édition; in-18; 1854. Broché.............................. 1 fr. »

Cartonné.................................... 1 fr 25 c.

**COSTE** et **PERDONNET**, Ingénieurs des Mines. — **Mémoires métallurgiques sur le traitement des Minerais de fer, d'étain et de plomb, dans la Grande-Bretagne**; faisant suite au **Voyage métallurgique** de MM. *Dufrénoy* et *Élie de Beaumont*, Ingénieurs des Mines. In-8, avec atlas; 1830.......................... 9 fr.

**COURS SPÉCIAL A L'USAGE DES SOUS-OFFICIERS DE L'ARTILLERIE.** (*Adopté par S. Exc. le Ministre de la Guerre.*). In-12, avec 8 planches. 2 fr. 50 c.

**COUSIN.** — **Traité élémentaire de l'Analyse mathématique ou d'Algèbre.** In-8........................ 4 fr.

**CROIZET (V.)**, ingénieur géomètre. — **Géodésie générale et méthodique, considérée sous le rapport de la mesure et de la division des terres.** 3$^{e}$ édition, revue et corrigée avec soin; in-4, avec planches....... 10 fr.

**DELAGARDETTE (C.-M.)**, professeur d'Architecture. — **Nouvelles règles pour la pratique du Dessin et du Lavis de l'Architecture civile et militaire.** In-8, avec pl.; 1835........................................ 6 fr.

**DE LATREILLE (Édouard)**, Photographe; élève de M. Gustave Le Gray. — **Almanach-Manuel du Photographe, pour l'an 1857.** In-18 avec 3 planches. 50 c.

**DELAISTRE (L.)**, professeur de Dessin général. — **Cours complet de Dessin linéaire, gradué et progressif**, contenant la Géométrie pratique, élémentaire et descriptive; l'Arpentage, la Levée des Plans et le Nivellement; le Tracé des Cartes géographiques; des Notions sur l'Architecture; le Dessin industriel; la Perspective linéaire et aérienne; le Tracé des ombres et l'étude du Lavis; publié en quatre Parties, composées de 60 planches et texte in-4 oblong à 2 colonnes, tirées sur jésus. (Ouvrage donné en prix par la Société d'Encouragement pour l'industrie nationale aux contre-maîtres des établissements industriels.)

Prix de l'ouvrage complet broché.......... 18 fr.

Cartonné.............................. 19 fr. 50 c.

MM. les Professeurs et les Elèves pourront se procurer les planches séparément sans le texte. Prix de chaque pl. 25 c.

**DELAMBRE**, membre de l'Académie des Sciences. — **Astronomie pratique**. 3 vol. in-4......... 50 fr.

**DELISLE (A.)**, examinateur pour l'admission à l'École Navale, professeur émérite et officier de l'Université, et **GERONO**, professeur de Mathématiques. — **Géométrie analytique**. In-8, avec pl.; 1853-1854.......... 8 fr.

**DELISLE et GERONO**. — **Éléments de Trigonométrie rectiligne et sphérique**. 4e édition revue et augmentée; in-8, avec planches; 1855.............. 3 fr. 50 c.

**D'ÉTROYAT (Ad.)**, constructeur. — **Traité élémentaire d'Architecture navale**. 1re partie, **Plan du navire**. — 2e partie, **Calculs**. — 3e partie, **Détails de construction**. In-4 et atlas in-folio de 29 planches............. 20 fr.

On vend séparément : 2e partie................ 5 fr.
3e partie.............. 10 fr.

**D'ÉTROYAT (Ad.)**. — **De la Carène du Navire et de l'Échelle de solidité**. In-4 avec 5 planches; 1856. 4 fr.

**D'ÉTROYAT (Ad.)**. — **Embarcations des Navires de guerre et du commerce**. Grand in-4 avec atlas in-folio de 15 planches; 1856........................ 10 fr.

**DIEU (TH.)**, professeur à la Faculté des Sciences de Grenoble. — **Éléments d'Arithmétique**, rédigés suivant les nouveaux Programmes pour l'enseignement secondaire et l'enseignement primaire. In-8; 1852..... 1 fr. 50 c.

**DUFRÉNOY, ÉLIE DE BEAUMONT, LÉON COSTE** et **PERDONNET**, ingénieurs des Mines. — **Voyage métallurgique en Angleterre**, ou Recueil de Mémoires sur le gisement, l'exploitation et le traitement des minerais de fer, étain, plomb, cuivre, zinc, dans la Grande-Bretagne. 2e édition, corrigée et considérablement augmentée; 2 forts vol. in-8, avec un atlas ensemble de 39 gr. pl., compris deux cartes géologiques de l'Angleterre, coloriées.......................... 40 fr.

**DUHAMEL**, membre de l'Institut. — **Cours de Mécanique**. 2e édit.; 2 vol. in-8, avec planches; 1854. 12 fr.

**DUHAMEL.** — **Éléments de Calcul infinitésimal.** 2 vol. in-8, avec planches; 1856..................... 12 fr.

**DUMAS**, membre de l'Institut. **Traité de Chimie appliquée aux Arts**. 8 vol. in-8 et Atlas......... 150 fr.

**DUPIN** (Ch.), membre de l'Institut. — **Application de Géométrie et de Mécanique** à la Marine, aux Ponts et Chaussées, etc., pour faire suite aux **Développements de Géométrie**. In-4, avec 17 planches; 1822...... 15 fr.

**DUPIN**. — **Développements de Géométrie**, avec des applications à la stabilité des vaisseaux, aux déblais et remblais, aux défilements, à l'optique, etc., pour faire suite à la **Géométrie descriptive** et à la **Géométrie analytique** de *Monge*. In-4, avec planches........ 15 fr.

**DUPIN.** — **Géométrie appliquée aux Arts**, 1828. 6 fr.

**DUPIN.** — **Mécanique appliquée aux Arts.** In-8; 1842. 4 fr.

**DURUTTE** (le Comte **G.**). — **Esthétique musicale.** — **Technie** ou lois générales du système harmonique. In-4; 1855.......................................... 15 fr.

**DUVIGNAU**, ancien Élève de l'École Polytechnique, directeur d'une École préparatoire au Baccalauréat ès Sciences et à l'École impériale de Saint-Cyr. — **Baccalauréat ès Sciences.** — **Problèmes de Mathématiques et de Physique pour la préparation à la Composition**, contenant la plupart des Questions proposées aux différents Concours. In-12, avec figures dans le texte; 1854.......................................... 2 fr.

**ÉBELMEN**, ingénieur en chef au Corps impérial des Mines, professeur de Docimacie à l'École des Mines de Paris, administrateur de la Manufacture impériale de

Porcelaine de Sèvres. — **Recueil de Travaux scientifiques**, revu et corrigé par M. *Salvétat*, chimiste à la Manufacture impériale de Sèvres, précédé d'une Notice sur M. *Ebelmen*, par M. *Chevreul*, membre de l'Institut. 1re partie, **Chimie.** — 2e partie, **Céramique.** — 3e partie, **Géologie.** — 4e partie, **Métallurgie.** 2 forts vol. in-8, avec 54 gravures dans le texte. 1855............ 15 fr.

**ÉCOLE POLYTECHNIQUE (JOURNAL DE L'), PUBLIÉ PAR LE CONSEIL D'INSTRUCTION DE CET ÉTABLISSEMENT.** — (Mémoires de MM. *Lagrange, Laplace, Monge, Prony, Fourcroy, Berthollet, Vauquelin, Lacroix, Hachette, Poisson, Sganzin, Guyton-Morveau, Barruel, Legendre, Haüy, Malus, Ampère, Biot, Cauchy, Binet, Olivier, Duhamel, Coriolis, Liouville, de Catalan, Delaunay, J. Bertrand, Ossian Bonnet, de Senarmont, de la Gournerie, Bresse, J.-A. Serret, Bravais, Dulong, Petit, Thenard, Lefrançais, Dupin, Bret, Poinsot, Lamé, Résal, Boileau, etc.*).

35 Cahiers en 35 vol. in-4, avec planches... 250 fr.

Les cahiers ci-après se vendent séparément :

| | |
|---|---|
| III........................... | 7 fr. |
| IV........................... | 7 |
| V........................... | 7 |
| VI........................... | 7 |
| VII et VIII..................... | 8 |
| VIII *bis* (*Mécanique philos. de* Prony)..................... | 10 |
| IX........................... | 7 |
| XI........................... | 12 |
| XII........................... | 12 |
| XIII........................... | 8 |
| XVI........................... | 8 |
| XVII........................... | 8 |
| XX........................... | 10 |
| XXI........................... | 8 |
| XXII........................... | 8 |

XXIII ........................ 6
XXV ........................ 8
XXVI ........................ 8
XXVII ........................ 9
XXVIII ........................ 7
XXIX ........................ 5
XXX ........................ 5 fr.
XXXI ........................ 9
XXXII ........................ 5
XXXIII ........................ 9
XXXIV ........................ 10
XXXV ........................ 10
XXXVI ........................ 10
XXXVII (*Sous presse*).

**ENDRÈS (E.)**, ancien élève de l'École Polytechnique, ingénieur des Ponts et Chaussées et de la Compagnie des Chemins de fer du Midi. — **Manuel du Conducteur des Ponts et Chaussées,** rédigé d'après le nouveau *Programme officiel*. Ouvrage indispensable aux Conducteurs et Agents secondaires des Ponts et Chaussées et des Compagnies des Chemins de fer, aux Agents voyers et à tous les Candidats à ces emplois. 2e édition, considérablement augmentée, et contenant toutes les matières du *Programme*. 2 vol. in-8, avec 487 figures dans le texte et 4 planches d'instruments dessinés et gravés d'après les meilleurs modèles. 1857 .................... 13 fr.

**EUCLIDE (OEuvres d')**, en grec, en latin et en français, d'après un manuscrit très-ancien qui était resté inconnu jusqu'à nos jours; par *Peyrard,* traducteur des *Œuvres d'Archimède ;* ouvrage approuvé par l'Académie des Sciences. 3 vol. in-4; Paris, 1818. Au lieu de 90 fr... 30 fr.

**FATON (le P.)**, de la Compagnie de Jésus. — **Traité d'Arithmétique théorique et pratique,** en rapport avec les nouveaux Programmes d'enseignement, terminé par une petite Table de Logarithmes disposée comme les Tables de Callet. Chaque théorie est suivie d'un choix d'Exercices gradués de calcul et d'un grand nombre de Problèmes. Fort vol. in-12; 1854. 2 fr. 75 c.

**FINANCE** (Ch.-S), maître à l'École primaire supérieure de Saint-Dié (Vosges). — **Arithmétique**, à l'usage des Écoles primaires supérieures, des Écoles normales primaires, des petits Séminaires, des Communautés religieuses et des Pensions; comprenant les matières exigées pour le brevet d'Instituteur et pour l'admission aux Écoles des Arts et Métiers. In-12; 1854........ 2 fr. 50 c.

**FLANDIN** (Ch.), docteur en médecine de la Faculté de Paris. — **Traité des Poisons, ou Toxicologie appliquée à la Médecine légale, à la Physiologie et à la Thérapeutique.** 3 vol. in-8, avec planches; 1853..... 21 fr.
Les tomes II et III se vendent séparément.... 14 fr.

**FOGÈRES** (M. Ludovic de). — **Arithmétique élémentaire**, rédigée en partie d'après les Notes laissées par son grand-père M. *Boucharlat*. In-12; 1855........... 1 fr.

**FRANCŒUR** (L.-B.). — **Uranographie, ou Traité élémentaire d'Astronomie**, à l'usage des personnes peu versées dans les Mathématiques, des Géographes, des Marins, des Ingénieurs, accompagnée de Planisphères. 6e édition, revue, corrigée et augmentée d'une **Notice sur la Vie et les Ouvrages de l'Auteur**, par M. *Francœur* fils, professeur de Mathématiques à l'École des Beaux-Arts. In-8, avec planches; 1853 ......... 10 fr.

**FRANCŒUR.** — **Cours complet de Mathématiques pures.** 4e édit. 2 vol. in-8, avec pl.; 1837. (*Ouvrage destiné aux élèves des Écoles Normale et Polytechnique, et aux candidats qui se préparent à y être admis.*)....... 12 fr.

**FRANCŒUR.** — **Éléments de Statique.** In-8... 3 fr.

**FRANCŒUR.** — **Traité de Géodésie**, augmenté de **Notes sur la Mesure des Bases**; par M. *Hossard*, professeur à l'École Polytechnique. 3e édition, revue et corrigée par M. *Francœur* fils, professeur de Mathématiques à l'École des Beaux-Arts. In-8, avec 11 pl.; 1855. 10 fr.

**FRANCOEUR** (L.-B.). **Astronomie pratique**, usage et composition de la *Connaissance des Temps*; ouvrage destiné aux Astronomes, aux Marins et aux Ingénieurs. 2e édition; in-8, avec planches. (*Sous presse.*)

**FRANCOEUR** (L.-B.). — **Éléments de Technologie ou description des Procédés des arts et de l'économie domestique, pour préparer, façonner et finir les ob-**

jets à l'usage de l'homme; ouvrage destiné à l'instruction de la jeunesse, aux pères de famille, aux colléges, aux institutions et pensionnats; dédié à M. *Dumas*. In-8. 7 fr.

**FRANCOEUR (L.-B.). — Sur le Calendrier des Mahométans**; suivi d'un Rapport fait au Bureau des Longitudes **Sur la Détermination de la longueur de l'arc méridien, etc.**; par MM. *Mathieu*, *Daussy* et *Largeteau*. In-8.......... 1 fr.

**FRENET**, professeur à la faculté des Sciences de Lyon.— **Recueil d'exercices sur le Calcul infinitésimal.** (*Ouvrage destiné aux Élèves de l'École Polytechnique, à ceux de l'École Normale, et aux auditeurs des Cours de Mathématiques dans les Facultés des Sciences.*) In-8 avec planches; 1856.......... 5 fr.

**FURIET**, ingénieur des Mines.—**Éléments de Mécanique**, exposés suivant le *Programme* de M. le Ministre de l'Instruction publique et des Cultes du 30 août 1852, pour le Baccalauréat ès Sciences, à l'usage des Candidats aux Ecoles spéciales, des Elèves des Ecoles professionnelles, des Ingénieurs, Conducteurs, et de toutes les personnes qui désirent s'initier aux principes de la Mécanique pratique. In-8, avec 140 figures dans le texte; 1856.. 6 fr.

**GANOT (A.)**, professeur de Physique. — **Traité élémentaire de Physique expérimentale et appliquée et de Météorologie.** 6e édition, in-12, illustrée de 455 belles gravures sur bois intercalées dans le texte; 1856. 7 fr.

**GARNIER (F.)**, Ingénieur au corps des Mines, ancien élève de l'Ecole Polytechnique. — **Traité sur les Puits artésiens.** 2e édit., revue et augmentée, avec 25 planc. in-4.......... 18 fr.

**GARNIER. — Traité d'Arithmétique.** 2e éd.; in-8. 2 fr. 50 c.

**GARNIER. — Éléments d'Algèbre**, à l'usage des aspirants à l'École Polytechnique. 3e édition revue, corrigée et augmentée; in-8.......... 6 fr.

**GARNIER.** — Suite de ces **Éléments.** 2e partie: **Analyse algébrique.** Nouvelle édit., considérablement augmentée; in-8.......... 6 fr.

**GARNIER.** — **Géométrie analytique**, ou Application de l'Algèbre à la Géométrie. 2e édit., revue et augmentée; in-8, avec 14 planches.......................... 6 fr.

**GARNIER.** — **Éléments de Géométrie**, contenant les deux Trigonométries, les éléments de la Polygonométrie et du Levé des Plans, et l'Introduction à la Géométrie descriptive. In-8, avec planche................. 5 fr.

**GARNIER.** — **Leçons de Statique**, à l'usage des aspirants à l'École Polytechnique. In-8, avec 12 pl. . 4 fr.

**GARNIER.** — **Leçons de Calcul différentiel.** 3e édit.; in-8, avec 4 planches.......................... 6 fr.

**GARNIER.** — **Leçons de Calcul intégral.** In-8, avec 2 pl. 6 fr.

**GARNIER.** — **Discussion des Racines des équations déterminées du premier degré à plusieurs inconnues, et élimination entre deux équations de degré quelconque à deux inconnues.** 2e édit.; in-8. 1 fr. 50 c.

**GARNIER et AZEMAR.** — **Trisection de l'angle**, suivie des **Recherches analytiques** sur le même sujet. In-18.......................................... 2 fr. 50 c.

**GAUSS (C.-F.).** — **Méthode des moindres carrés.** Mémoires sur la combinaison des observations. Traduits en français et avec l'autorisation de l'auteur; par M. *J. Bertrand*. In-8; 1855.............................. 4 fr.

**GAY-LUSSAC et POUILLET**, membres de l'Institut. — **Instruction sur les Paratonnerres**, adoptée par l'Académie des Sciences. In-18, avec figures dans le texte et 2 planches; 1855......................................... 1 fr.

**GERONO et ROGUET.** — **Programme détaillé d'un Cours d'Arithmétique, d'Algèbre et de Géométrie analytique**, comprenant les connaissances exigées pour l'admission aux Écoles du Gouvernement, et suivi de Notes et des énoncés d'un grand nombre de Problèmes. 4e édit., entièrement refondue; in-8. 1856........ 4 fr.

**GOSSART (A.)**, sous-inspecteur des contributions indirectes. — **Sténarithmie ou Abréviation des calculs**, complément indispensable de toutes les Arithmétiques. 2e édition; in-12; 1853.............................. 1 fr.

**GOSSART.** — **Sténographie applicable à l'alphabet ordinaire.** In-12 .......... 1 fr.

**GOURÉ**, proviseur du Lycée de Strasbourg. — **Éléments d'Arithmétique, à l'usage des candidats des Écoles spéciales du Gouvernement.** 2e édit. In-8; 1852. (*Autorisés pour l'enseignement dans les Lycées et Colléges.*)... 5 fr.

**GOURNERIE** (de la), professeur au Conservatoire des Arts et Métiers. — **Discours sur l'art du Trait et la Géométrie descriptive.** In-8; 1855....... 1 fr. 25 c.

**GUIONNEAU DE PAMBOUR.** — **Théorie des Machines à vapeur.** In-4, et atlas de 23 pl., 1844.. 50 fr.

**GUIONNEAU DE PAMBOUR.** — **Calcul de la Force des machines à vapeur pour la navigation ou l'industrie et pour l'achat des machines.** In-8... 2 fr. 50 c.

**HARANT (H.)**, licencié ès Sciences, et **LAFFITTE (P.)**, professeur de Mathématiques. — **Leçons de Cosmographie**, *rédigées d'après les Programmes arrêtés par la Commission chargée des attributions du Conseil de perfectionnement et approuvés par le Ministre de la Guerre.* In-8, avec planches; 1853.......... 3 f. 50 c.

**HAÜY, Traité de Minéralogie.** 2e édition, revue, corrigée et considérablement augmentée; 4 vol. in-8 et Atlas de 120 planches en taille-douce.......... 25 fr.

**HAÜY. Traité des Caractères physiques des Pierre précieuses**, pour servir à leur détermination lorsqu'elle ont été taillées. In-8, avec 3 planches en taille-douce; 1817.......... 5 fr.

**HAÜY. Tableaux comparatifs des résultats de la Cristallographie et de l'analyse chimique, relativement à la classification des Minéraux.** In-8.......... 5 fr.

**HUTTON.** — **Nouvelles expériences d'Artillerie**, faites pendant les années 1787, 1788, 1789 et 1791, où l'on détermine la force de la poudre, la vitesse initiale des boulets de canon, les portées des pièces à différentes élévations, la résistance que l'air oppose au mouvement des projectiles, les effets des différentes longueurs des pièces, des différentes charges de poudre, etc. Traduites de l'anglais, par M. *O. Terquem*, professeur de Mathématiques aux Écoles nationales, bibliothécaire du dépôt central d'Artillerie, etc.; seconde partie, avec pl. In-4; 1826. 8 fr.

**IMBART** (**E.-F.**), architecte, professeur de Lavis et de Topographie à l'École militaire de Saint-Cyr. — **De la Mesure du temps et description de la Méridienne verticale portative du temps vrai et du temps moyen pour régler les pendules et les montres.** Admise à l'Exposition des produits de l'industrie française de l'année 1827. 2ᵉ édition, in-12 avec planche; 1857... 1 fr.

**JARIEZ** (**J.**). — **Cours élémentaire de Mécanique industrielle**, à l'usage des élèves des Écoles d'Arts et Métiers. 2 vol. in-8 avec Atlas; 1849.............. 15 fr.

**JONQUIÈRES** (**E. de**), lieutenant de vaisseau. — **Mélanges de Géométrie pure**, comprenant diverses applications des théories exposées dans le **Traité de Géométrie supérieure** de M. *Chasles*, au mouvement infiniment petit d'un corps solide libre dans l'espace, aux sections coniques, aux courbes du troisième ordre, etc., et la traduction du **Traité** de *Maclaurin* **sur les Courbes du troisième ordre.** In-8, avec planches; 1856..................... 5 fr.

**JULIEN** (**Stanislas**), membre de l'Institut. — **Histoire et Fabrication de la Porcelaine chinoise.** Ouvrage traduit du chinois, accompagné de Notes et Additions par M. *Alphonse Salvétat*, chimiste à la Manufacture impériale de Porcelaine de Sèvres, et augmenté d'un **Mémoire sur la Porcelaine du Japon**, traduit du japonais, par M. le docteur *Hoffmann*. (*Dédié à Monsieur le Ministre de l'Instruction publique.*) Beau volume imprimé sur grand raisin fin glacé, avec 14 planches, figures gravées sur bois, et une carte de la Chine indiquant l'emplacement des manufactures de porcelaine anciennes et modernes. Grand in-8; 1856........................... 12 fr.

**JULLIEN** (**le P.**), de la Compagnie de Jésus. — **Problèmes de Mécanique rationnelle** disposés pour servir d'applications aux principes enseignés dans les Cours. Cet ouvrage renferme les questions nouvellement introduites dans le Programme de la Licence et de nombreuses applications pratiques. 2 volumes in-8, avec fig. dans le texte. 1855.................................. 12 fr.

**JURGENSEN.** — **Principes de l'exacte Mesure du Temps par les Horloges**; in-4, avec atlas de 17 pl.; 1838; 20 fr.

**JURGENSEN.** — **Mémoire sur l'Horlogerie exacte,** contenant des Remarques sur l'Horlogerie exacte, et proposition d'un échappement libre, etc. In-4, avec 5 planches gravées; 1832........................................ 6 fr.

**LABEY (J.-B.),** Examinateur à l'École Polytechnique. — **Traité de Statique.** In-8, avec planches; 1812. 3 fr. 50

**LABOULAYE.** — **Dictionnaire des Arts et Manufactures, de l'Agriculture, des Mines, etc.** 4 tomes en 2 forts vol. in-4........................................ 60 fr.

**LACROIX (S.-F.),** Membre de l'Institut. — **Traité élémentaire d'Arithmétique.** 20e édit.; in-8... 2 fr.

**LACROIX (S.-F.).** — **Éléments d'Algèbre,** à l'usage des Candidats aux Écoles du Gouvernement. 21e édition, revue, corrigée et annotée, conformément aux **nouveaux Programmes de l'enseignement dans les Lycées**; par M. *Prouhet*, professeur de Mathématiques. In-8; 1854........................................ 6 fr.

**LACROIX (S.-F.).** — **Complément des Éléments d'Algèbre.** 6e édition, revue et corrigée; in-8; 1835. 4 fr.

**LACROIX (S.-F.).** — **Éléments de Géométrie** (1re Partie, *Géométrie plane*. CLASSE DE TROISIÈME. — 2e Partie. *Géométrie dans l'espace*. CLASSE DE SECONDE. — 3e Partie. *Complément de Géométrie*. CLASSE DE MATHÉMATIQUES SPÉCIALES. — 4e Partie. *Notions sur les courbes usuelles*. CLASSE DE RHÉTORIQUE. 17e édit.; conforme aux *Programmes officiels* de l'enseignement dans les Lycées; revue et corrigée par M. *Prouhet*, professeur de Mathématiques. In-8, avec 220 figures dans le texte; 1855........................ 4 fr.

**LACROIX (S.-F.).** — **Essais de Géométrie sur les Plans et les Surfaces courbes (Éléments de Géométrie descriptive).** 7e édition, revue et corrigée. In-8, avec planches; 1840........................................ 3 fr.

**LACROIX (S.-F.).** — **Traité élémentaire de Trigonométrie rectiligne et sphérique, et d'Application de l'Algèbre à la Géométrie.** 10e édition, revue et corrigée; in-8, avec planches; 1852........................ 4 fr.

**LACROIX** (**S.-F.**). — **Introduction à la Connaissance de la Sphère.** In-18, avec planches; 1832. 1 fr. 25 c.

**LACROIX** (**S.-F.**). — **Essai sur l'Enseignement en général et sur celui des Mathématiques en particulier.** 4e édit.; in-8; 1838........................ 5 fr.

**LACROIX** (**S.-F.**). — **Traité élémentaire du Calcul des Probabilités.** 3e édition; in-8, avec pl.; 1833. 5 fr.

**LACROIX** (**S.-F.**). — **Introduction à la Géographie mathématique et critique, et à la Géographie physique.** Nouvelle édition, avec 5 cartes et 7 planches; in-8; 1847........................................ 7 fr.

**LACROIX** (**S.-F.**).—**Traité élémentaire de Calcul différentiel et de Calcul intégral.** 6e édition, revue et annotée par MM. *Hermite* et *J.-A. Serret*, examinateur à l'École Polytechnique. In-8; 1856. (*Sous presse*.)

**LAGRANGE.** — **Théorie des Fonctions analytiques.** 3e édit., revue par M. *Serret*; in-4; 1847....... 18 fr.

**LAGRANGE.** — **Mécanique analytique.** 3e édition, revue, corrigée et annotée par M. *J. Bertrand*. 2 vol. in-4; 1855........................................ 40 fr.

**LAGRANGE.**— **De la Résolution des Équations numériques de tous les degrés**; avec des Notes sur plusieurs points de la théorie des équations algébriques. 3e édition; in-4........................................ 15 fr.

**LALANDE.** — **Tables des Logarithmes pour les Nombres et les Sinus à CINQ DÉCIMALES**; revues par le baron *Reynaud*. Nouvelle édition, augmentée de *Formules pour la Résolution des Triangles*, par M. *Bailleul*. In-18; 1854........................................ 2 fr.

**LALANDE.**—**Tables de Logarithmes**, étendues à **SEPT DÉCIMALES**; par *F.-C.-M. Marie*; précédées d'une Instruction dans laquelle on fait connaître les limites des erreurs qui peuvent résulter de l'emploi des Logarithmes des nombres et des lignes trigonométriques, par le baron *Reynaud*. Nouvelle édition, augmentée de *Formules pour la résolution des Triangles*, par M. *Bailleul*. In-12........................................ 3 fr. 50 c.

**LAMÉ**, membre de l'Institut. — **Leçons sur la Théorie mathématique de l'élasticité des corps solides.** In-8, avec planches; 1852........................ 5 fr.

**LAMÉ**. — **Leçons sur les Fonctions inverses des transcendantes et les surfaces isothermes.** In-8 avec figures dans le texte; 1857........................ 5 fr.

**LANZ et BÉTANCOURT**.—**Essai sur la Composition des Machines.** 3e édit., revue, corrigée et augmentée; in-4, avec un atlas de 13 grandes planches; 1840. 12 fr.

**LAPLACE** (marquis DE). — **Exposition du Système du Monde**, précédée de l'éloge de Laplace par le baron *Fourier*. In-4, papier fin, avec portrait; 6e éd. 1835. 15 fr.

**Le même.** 2 vol. in-8; 6e édition; 1836..... 15 fr.

**LAPLACE**. — **Précis de l'Histoire de l'Astronomie.** In-8; 1821........................ 3 fr.

**LAPLACE** (**OEUVRES** de). 7 vol. in-4o (*édition du Gouvernement.*)

**LAUR**.— **Géodésie pratique simplifiée et perfectionnée,** à l'usage du Génie civil et militaire, des Ponts et Chaussées et des Mines, des géomètres du Cadastre et géomètres jurés et de toutes les personnes qui s'occupent de plans géométriques, de drainages, de pactages et de bornage des terres. 6e édition; 2 vol. in-8, avec planches........................ 10 fr.

**LAURENT** (**A.**), membre correspondant de l'Institut (Académie des Sciences, Section de Chimie), ingénieur des Mines, ancien professeur de Chimie à la Faculté des Sciences de Bordeaux, Essayeur à la Monnaie. **Méthode de Chimie**, précédé d'un **Avis au lecteur** par M. *Biot*, membre de l'Institut. In-8, avec figures dans le texte; 1854........................ 8 fr.

**LAURENT** (l'abbé). — **Traité de Calcul différentiel.** In-8; 1853........................ 7 fr.

**LE BLANC**. — **Choix de Modèles appliqués à l'enseignement du Dessin des Machines**, avec un texte descriptif. In-4, avec atlas de 60 planches; 1830. 22 fr.

**LEFÈVRE**, Géomètre en chef du cadastre. — **Abrégé du nouveau Traité d'Arpentage**, ou Guide pratique et mémoratif de l'arpenteur, particulièrement destiné aux personnes qui n'ont point étudié la Géométrie: contenant toutes les méthodes nécessaires pour l'arpentage, le levé des plans, l'aménagement des bois, le nivellement, le toisé, etc., etc., suivi de l'exposé d'un nouveau mode d'observer les angles d'une triangulation. Gros vol. in-12, avec 18 planches, dont une coloriée.......... 7 fr.

**LEGENDRE (A.-M.)**, Membre de l'Institut. — **Nouvelle Méthode pour la détermination des Orbites des Comètes**. In-4, avec planches; 1805.............. 10 fr.

**LEGENDRE**. — **Théorie des Fonctions Elliptiques**. 3 volumes in-4.............................. 60 fr.

**LEROY**, ancien Professeur à l'École Polytechnique. — **Traité de Stéréotomie**, contenant les applications de la Géométrie descriptive à la théorie des ombres, la Perspective linéaire, la Gnomonique, la Coupe des pierres et la Charpente. 2e édit., revue et annotée par M. *E. Martelet*. In-4, avec atlas de 74 pl. in-fol.; 1857.......... 26 fr.

**LEROY**. — **Analyse appliquée à la Géométrie des trois dimensions**. 4e édition, revue et corrigée; in-8, avec planches; 1854.............................. 5 fr.

**LEROY**. — **Traité de Géométrie descriptive**. 4e édition, revue et annotée par M. *Martelet*, Professeur à l'École Centrale des Arts et Manufactures. In-4, avec atlas de 71 planches; 1855.............................. 16 fr.

**LE VERRIER (U.-J.)**, Membre de l'Institut. — **Mémoire sur la détermination des inégalités séculaires des planètes**. In-8, grand papier; 1840.............. 4 fr.

**LE VERRIER (U.-J.)**. — **Mémoire sur les variations séculaires des éléments des orbites pour les sept planètes principales: Mercure, Vénus, la Terre, Mars, Jupiter, Saturne et Uranus**, etc. In-8; 1843. 3 fr. 50

**LE VERRIER (U.-J.)**. — **Théorie du Mouvement de Mercure**. In-8; grand papier; 1845.............. 5 fr.

**LE VERRIER (U.-J.)**. — **Recherches sur les Mouvements de la planète Herschel**, *dite* **Uranus**. In-8 de 254 pages; grand papier; 1846.............................. 5 fr.

**LIONNET** (E.), agrégé de l'Université, professeur de Mathématiques pures et appliquées au Lycée Louis-le-Grand, examinateur suppléant d'admission à l'École Navale. — **Algèbre élémentaire**, à l'usage des candidats au Baccalauréat ès Sciences et aux Écoles du Gouvernement; rédigée conformément aux *Programmes officiels* des Lycées. In-8, avec figures dans le texte; 1855.. 3 fr. 50 c.

**MARIE** (F.-C.), Professeur de Mathématiques et de Topographie. — **Principes du Dessin et du Lavis de la Carte Topographique**, présentés d'une manière élémentaire et méthodique, avec tous les développements nécessaires aux personnes qui n'ont pas l'habitude du dessin; accompagnés de 9 modèles, dont 8 sont coloriés avec soin; in-4 oblong.......................... 15 fr.

**MARIE.** — **Principes des Écritures en caractères ordinaires et en caractères moulés**, appliqués aux plans et aux cartes, suivis de 10 modèles gravés avec soin, etc. In-4 oblong; 1830.......................... 6 fr.

**MARIE.** — **Géométrie Stéréographique**, ou Reliefs des polyèdres pour faciliter l'étude des corps, en 25 planches gravées, dont 24 sur carton et découpées, etc.; 1835. 8 fr.

**MARIELLE** (C.-P.), Chef d'Escadron honoraire, ancien Trésorier, Garde des Archives et Secrétaire des Conseils de l'École. — **Répertoire de l'École impériale Polytechnique ou renseignements sur les Élèves qui ont fait partie de l'Institution depuis l'époque de sa création en 1794 avec indication de leur position connue, jusqu'en 1855 inclusivement, avec plusieurs tableaux et résumés statistiques.** (*Publié avec l'autorisation de S. Exc. le Ministre de la Guerre et dédié aux Élèves de l'École.*) Volume in-8 en tableaux; 1855.......... 5 fr.

**MASCHERONI.** — **Géométrie du compas**; traduit de l'italien, par M. *Carette*, officier supérieur du Génie. 2e édition augmentée d'une Notice biographique sur l'auteur; in-8, avec planches; 1828.......................... 7 fr.

**MATTEUCCI** (C.), professeur de Physique à l'Université de Pise. — **Cours spécial sur l'Induction, le Magnétisme de rotation, le Diamagnétisme, et sur les relations entre la force magnétique et les actions moléculaires.** In-8, avec planches; 1854.......................... 5 fr.

**MAUDUIT**, Professeur de Mathématiques au Collége de France. — **Leçons élémentaires d'Arithmétique**, ou Principes d'Analyse numérique. Nouv. édit. in-8; 1804. 5 fr.

**MAUDUIT.** — **Introduction aux Sections coniques**, pour servir de suite aux **Éléments de Géométrie** de M. *Rivard*. In-8 avec planches ........................ 3 fr.

**MIGNARD.** — **Guide des Constructeurs**, ou Traité complet des connaissances théoriques et pratiques relatives aux Constructions; ouvrage utile à toutes les personnes qui s'occupent du bâtiment, et aux personnes qui font bâtir. 2 vol. grand in-8, et un atlas de 86 planches.... 48 fr.

**MOLLET (J.)**, professeur de Physique et de Géométrie pratique. — **Gnomonique graphique, ou Méthode simple et facile pour tracer les Cadrans solaires sur toutes sortes de Plans** en ne faisant usage que de la règle et du compas; suivie de la **Gnomonique analytique**. 5e édition; in-8, avec planches; 1853.................. 3 fr. 50 c.

**MONGE.** — **Géométrie descriptive.** 7e édition, augmentée d'une **Théorie des Ombres et de la Perspective**, extraite des papiers de l'Auteur par M. *Brisson*, ancien élève de l'Ecole Polytechnique, Ingénieur en chef des Ponts et Chaussées. In-4, avec 28 planches; 1847....... 12 fr.

**MONGE.** — **Application de l'Analyse à la Géométrie.** 5e édit., revue, corrigée et annotée par M. *Liouville*, membre de l'Académie des Sciences; in-4 sur papier superfin des Vosges, avec planches et le portrait de *Monge*; 1849. (*Édition de luxe.*)........................ 36 fr.

**MONGE.** — **Traité élémentaire de Statique**, à l'usage des Ecoles de la Marine. 8e édition conforme à la précédente, revue par M. *Hachette*, membre de l'Institut; et suivie d'une Note contenant une nouvelle démonstration du parallélogramme des forces; par M. *Aug. Cauchy*. In-8; 1846 ........................ 4 fr.

**MONTGERY**, Capitaine de frégate. — **Traité des Fusées de guerre**, nommées autrefois **Rochettes**, et maintenant **Fusées à la Congrève**; précédé d'une Notice sur *Fulton*. In-8, fig........................ 6 fr.

**MONTGERY.** — **Règles de Pointage à bord des vaisseaux**, avec deux tableaux de pointage; 2e édit.; 1832. 5 fr. 50 c.

**MUNIN**, ancien élève de l'Ecole Normale, ex-professeur de Chimie et de Physique au Lycée de Bourges. — **Chimie expérimentale et théorique, appliquée aux Arts industriels et agricoles.** 2 vol. in-8, avec pl.......... 5 fr.

**NICHOLSON**, Ingénieur civil. — **Description des Machines à Vapeur**, et détail des principaux changements qu'elles ont éprouvés depuis l'époque de leur invention; et des améliorations qui les ont fait parvenir à leur état actuel de perfection; traduit de l'anglais par *T. Duverne*; 3e édit.; in-8, avec planches; 1837.............. 5 fr.

**NICOLET (H.)**, Conservateur des Collections de l'ancien Institut agronomique de Versailles. — **Atlas de Physique et de Météorologie agricoles.** Grand atlas in-folio double de 14 planches avec texte; 1855 .... 50 fr.

**NICOLLET (Y.)**. — **Histoire naturelle des Acariens qui se trouvent aux environs de Paris.** 1re Partie. 1 vol. grand in-4 avec planches coloriées; 1855........ 10 fr.

**OLIVIER (Th.)**, professeur de Géométrie descriptive au Conservatoire des Arts et Métiers. — **Théorie géométrique des Engrenages destinés à transmettre le mouvement de rotation entre deux axes situés ou non situés dans un même plan.** In-4, avec planches; 1842...... 8 fr.

**PIERRE (I.-J.)**, professeur de Mathématiques et de Physique. — **Exercices sur la Physique**, ou Recueil de questions, de problèmes et d'éclaircissements pour les différentes parties de cette science, avec les solutions, etc. In-8, avec fig.; 1838.............................. 4 fr.

**PIOBERT (G.)**, membre de l'Institut. — **Traité d'Artillerie théorique et pratique. — Précis de la partie élémentaire et pratique.** 3e édit., revue et augmentée; in-8, avec pl.............................................. 8 fr.

**POINSOT.** — **Éléments de Statique.** 9e édition; 1848.............................................. 6 fr. 50 c.

**POINSOT.** — **Théorie des Cônes circulaires roulants.** In-8, avec planche; 1853.............................. 2 fr. 50 c.

**POINSOT.** — **Théorie nouvelle de la Rotation des corps.** In-8, avec pl.; 1852.............................. 5 fr.

**POINSOT.** — **Réflexions sur les Principes fondamentaux de la Théorie des Nombres.** In-4; 1847... 6 fr.

**POISSON** (**S.-D.**), membre de l'Institut. — **Traité de Mécanique.** 2e édit., considérablement augmentée; 2 forts vol. in-8; 1833. . . . . . . . . . . . 18 fr.

**POISSON.** — **Théorie mathématique de la Chaleur.** In-4; avec Supplément; 1835. . . . . . . . . . . . 26 fr.
Le Supplément se vend séparément. . . . . . . . . . 6 fr.

**POISSON.** — **Recherches sur la Probabilité des Jugements en matière civile et en matière criminelle,** précédées des règles générales du Calcul des Probabilités. In-4; 1837. . . . . . . . . . . . 20 fr.

**POISSON.** — **Formules relatives aux Effets du Tir sur les différentes parties de l'affût.** 2e édit.; in-8, avec une grande planche; 1838. . . . . . . . . . . . 3 fr.

**POISSON.** — **Mémoire sur les Déviations de la Boussole, produites par le fer des vaisseaux,** etc.; in-8. . . 3 fr.

**PONTÉCOULANT** (**G.** de), ancien élève de l'École Polytechnique, colonel au corps d'État-major. — **Théorie analytique du Système du Monde.** 2e édit., considérablement augmentée. Tomes I et II; in-8; 1856. 18 fr.

**On vend séparément :**

Les tomes III et IV. . . . . . . . . . . . 33 fr.
Le tome IV. . . . . . . . . . . . 18 fr.
Les Suppléments aux livres II et V. . . . . . 2 fr. 50 c.
L'ouvrage complet : 4 volumes. . . . . . . . . . 50 fr.

La 2e édition des tomes I et II dans laquelle se trouvent les Suppléments des livres II et V forme un **TRAITÉ COMPLET D'ASTRONOMIE PRATIQUE** et peut être considérée comme une introduction à la **Mécanique céleste** de *Laplace* et un Complément à la **Mécanique** de *Poisson*.

**PRONY** (de), membre de l'Institut. — **Leçons de Mécanique analytique,** données à l'École impériale Polytechnique. 2 vol. in-4; 1810. . . . . . . . . . . . 30 fr.

**PUISSANT.** — **Traité de Géodésie,** ou Exposition des Méthodes trigonométriques, et astronomiques applicables soit à la mesure de la Terre, soit à la confection du canevas des cartes et des plans topographiques 3e éd.; 2 vol. in-4, avec 13 pl.; 1842. . . . . . . . . . . . 40 fr.

**PUISSANT. — Méthode générale pour obtenir le résultat moyen dans une série d'observations astronomiques faites avec le cercle répétiteur de Borda.** In-4; 1823........................................ 6 fr.

**PUISSANT.—Supplément** à la seconde édition du **Traité de Géodésie**, contenant de nouvelles remarques sur plusieurs questions de Géographie mathématique, et sur l'Application des Mesures géodésiques et astronomiques à la détermination de la figure de la Terre, etc. In-4; 1827........................................ 7 fr. 50 c.

**PUISSANT. — Nouvelle détermination de la distance méridienne de Montjouy à Formentera,** dévoilant l'inexactitude de celle dont il est fait mention dans la base du système métrique. In-4; 1836 et 1838.... 3 fr.

**PUISSANT. — Instruction sur l'usage des Tables de Projections**, adoptées pour la construction du canevas de la nouvelle Carte topographique de la France. In-4; 1821........................................ 6 fr.

**PUISSANT. — Nouvelles comparaisons des Mesures géodésiques et astronomiques de France**, et conséquences qui en résultent relativement à la figure de la Terre; suivies d'un **Appendice** contenant des observations barométriques et thermométriques faites sur le parallèle moyen, et appliquées avec les distances zénithales et la mesure des différences de niveau. In-4; 1833..... 5 fr.

**QUARTIER DE RÉDUCTION ET ASTRONOMIQUE**, en usage dans la Marine. En feuille. » 50 c.
Collé sur carton........................................ 1 fr. 25 c.

**QUETELET. — Sur l'Homme et le développement de ses facultés**, ou **Essai de Physique sociale**. 2 vol. in-8, avec pl........................................ 12 fr.

**REECH (F.)**, ingénieur de la Marine. — **Théorie générale des effets dynamiques de la chaleur.** In-4, avec planch.; 1854........................................ 10 fr.

**REECH**, ingénieur de la Marine, directeur de l'Ecole spéciale d'Application du Génie maritime à Lorient. — **Cours de Mécanique d'après la nature généralement flexible et élastique des corps**, comprenant **la Statique** et la **Dynamique** avec la Théorie des vitesses virtuelles, celle des forces vives et celle des forces de réaction, la Théorie des mouvements relatifs et le Théorème de Newton sur la similitude des mouvements. In-4; 1852.. 12 fr.

**REECH.** — **Machine à air d'un nouveau système** déduit d'une comparaison raisonnée des systèmes de MM. Ericsson et Lemoine. In-4, avec planches; 1854....... 6 fr.

**REGNAULT** (**J.-J.**), professeur de Mathématiques. — **Traité de Géométrie pratique**, comprenant les opérations graphiques et de nombreuses applications aux travaux d'art et de construction. In-8, avec pl.; 1842. 5 fr.

**REGNAULT** (**J.-J.**). — **Cours de Mathématiques théorique et pratique.** — **Manuel à l'usage des Candidats aux emplois de Conducteur des Ponts et Chaussées, de l'Agent voyer, des Lycées et des Écoles professionnelles**, rédigé d'après le *Programme* officiel des études mathématiques. In 8, pl.; 1853.......... 7 fr.

**REGNAULT** (**J.-J.**). — **Manuel des Aspirants au grade d'Ingénieur des Ponts et Chaussées.** — **Guide du Conducteur des Ponts et Chaussées, de l'Agent voyer, du Garde du Génie et de l'Artillerie**, rédigé d'après le nouveau *Programme officiel.*

**Ouvrage divisé en 2 Parties. — Chaque partie se vend séparément :**

**PARTIE THÉORIQUE**, contenant : l'Algèbre, la Géométrie analytique, la Géométrie descriptive, la Coupe des Pierres, la Charpente, la Physique, la Chimie, des notions de Géologie, la Mécanique des corps solides et l'Hydraulique. 2 volumes in-8, avec 44 planches............... 12 fr.

**PARTIE PRATIQUE**, contenant : les Cours de Routes, Cours de Chemins de fer, Cours de Ponts, la Navigation intérieure, des Notions sur les Desséchements et les Irrigations, les Ports maritimes; des Notions d'Architecture et l'exécution des travaux, etc. 2 vol in-8, avec 50 pl. 12 fr.

On accordera des facilités pour le payement aux personnes qui prendront les 5 volumes formant l'ouvrage complet dont le prix est de...................................... 31 fr.

**REYNAUD** (le baron), Examinateur pour l'admission à l'École Polytechnique, à la Marine, à l'École militaire de Saint-Cyr et à l'École Forestière. — **Traité d'Arithmétique**, à l'usage des élèves qui se destinent à ces Écoles. In-8, 26e édition, revue, corrigée et annotée par M. *Gerono*, professeur de Mathématiques; 1855. (*Adopté par l'Université.*)...................................... 4 fr.

**REYNAUD. — Fragments sur l'Algèbre et la Trigonométrie**, précédés du programme d'un Cours complet de Mathématiques élémentaires, à l'usage des Elèves de l'École Polymathique, et particulièrement de ceux qui se destinent à l'Ecole Polytechnique. In-8; 1801. 2 fr. 50

**REYNAUD. — Notes sur l'Algèbre** de *Bezout*, à l'usage des Elèves qui se destinent à l'Ecole Polytechnique, à la Marine, à l'Ecole militaire de Saint-Cyr et à l'Ecole Forestière. 7e édition. In-8; 1854. (*Adopté par l'Université.*) .......... 4 fr. 50

**REYNAUD. — Théorèmes et Problèmes de Géométrie**, suivis de la Théorie des plans et des préliminaires de la Géométrie descriptive, comprenant la partie exigée pour l'admission à l'Ecole Polytechnique, à l'usage des Elèves qui se destinent à l'Ecole Polytechnique, à la Marine, à l'Ecole militaire de Saint-Cyr et à l'Ecole Forestière. 10e édition, augmentée de problèmes de Géométrie qui ont été proposés dans les concours des Collèges royaux. In-8, avec planch.; 1838. (*Adopté par l'Université.*). 5 fr.

**REYNAUD. — Petit Traité élémentaire d'Arithmétique.** In-12.......... 2 fr.

**REYNAUD — Notes sur l'Arithmétique** de *Bezout*; 20e édit. In-8.......... 2 fr. 50

**REYNAUD. — Trigonométrie rectiligne et sphérique**; 3e éd.; suivie des **Tables des Logarithmes des Nombres**. In-18, avec planches; 1818.......... 3 fr.

**REYNAUD et GERONO (C.). — Traité élémentaire de Statique**, à l'usage des Elèves qui se destinent à l'Ecole Polytechnique et à la Marine. In-8, avec planches; 1838.......... 5 fr.

**REYNAUD. — Traité élémentaire de Mathématiques et de Physique**, suivi de quelques notions de Chimie et d'Astronomie, à l'usage des Elèves qui se préparent aux examens pour le Baccalauréat ès lettres. 4e édition; 2 vol. in-8, avec planches.......... 12 fr.

Le tome I, contenant l'**Arithmétique**, l'**Algèbre**, la **Géométrie** et la **Trigonométrie**, 4e édition, 1845, se vend séparément.......... 5 fr.

**REYNAUD et DUHAMEL**, ancien Elève de l'Ecole Polytechnique. — **Problèmes et Développements sur les diverses parties des Mathématiques.** In-8, avec pl.; 1823.......... 6 fr. 50

**RIVARD**, professeur de Philosophie à l'Université de Paris. — **Traité de la Sphère et du Calendrier.** 8e édit., revue et augmentée par M. *Puissant,* membre de l'Institut. In-8, avec planches; 1837 .......... 5 fr.

**ROZET.** — **De la Pluie en Europe.** In-12; 1855.. 2 fr.

**SALVÉTAT (A.)**, chef des Travaux chimiques à la Manufacture impériale de Sèvres. — **Leçons de Céramique** professées à l'Ecole Centrale des Arts et Manufactures, ou **Technologie céramique** comprenant les notions de Chimie, de Technologie et de Pyrotechnie, applicables à la fabrication, à la synthèse, à l'analyse, à la décoration des poteries. 2 vol. in-18 avec fig. dans le texte; 1857. 12 fr.

Le 1er volume est *en vente.*

Le 2e volume est *sous presse.*

**SENARMONT (DE)**, membre de l'Institut.— **Traité de Cristallographie**, traduit de l'anglais de *Miller.* In-8, avec 12 planches; 1842 .......... 5 fr.

**SERRET (J.-A.)**, Examinateur d'admission à l'École Polytechnique. — **Cours d'Algèbre supérieure** professé à la Faculté des Sciences de Paris. 2e édition, revue et augmentée; fort vol. in-8, avec pl.; 1854 ....... 10 fr.

**SERRET (J.-A.).** — **Traité d'Arithmétique,** à l'usage des Élèves à l'École Polytechnique et à l'École militaire de Saint-Cyr. In-8, 1852 .......... 5 fr.

**SERRET (J.-A.).** — **Éléments d'Arithmétique,** à l'usage des Candidats au Baccalauréat ès Sciences, à l'Ecole spéciale militaire de Saint-Cyr, à l'Ecole Forestière et à l'Ecole Navale, conformes aux *Programmes officiels.* In-8; 1855 .......... 3 fr.

**SERRET (J.-A.).**—**Traité de Trigonométrie.** In-8, avec planches. 2e éd.; 1857 .......... 4 fr.

**SERRET (J.-A.).** — **Éléments de Trigonométrie rectiligne,** à l'usage des **Arpenteurs.** In-8, avec figures dans le texte; 1853 .......... 2 fr.

**SERRET (Paul).** — **Des Méthodes en Géométrie.** In-8, avec figures dans le texte; 1855 .......... 6 fr.

**STURM**, membre de l'Institut. — **Cours d'Analyse de l'École Polytechnique**, publié d'après le vœu de l'auteur, par M. *E. Prouhet,* professeur de Mathématiques. 2 vol. in-8 avec figures dans le texte; 1857 ..... 12 fr.

Le 1er volume est *en vente.*

Le 2e volume est *sous presse.*

**SUZANNE. — De la Manière d'étudier les Mathématiques.**

1re Partie : **Préceptes généraux et Arithmétique**; 2e édit., considérablement augmentée; in-8. .... 6 fr.

**TERQUEM. — Exercices de Mathématiques élémentaires** à l'usage des Colléges et des aspirants aux Écoles Militaire, Forestière et Navale. (**Arithmétique et Algèbre**). In-8; 1842........................ 5 fr.

**THIERRY. — Méthode graphique et géométrique**, ou le Dessin linéaire appliqué aux arts en général, et particulièrement à la Coupe des pierres; à la Projection des ombres; — à la pratique de la Coupe des pierres; — à la Perspective linéaire, et aux cinq ordres d'Architecture. 2e édit., revue par M. *Marie*. In-4 oblong, avec 50 planches.............................. 10 fr. 50 c.

**THOREL (J.-B.-A.)**, géomètre de 1re classe du Cadastre. — **Arpentage et Géodésie pratiques.** Ouvrage à l'aide duquel on peut apprendre le Système métrique, l'Arpentage, la Division des terres, la Trigonométrie rectiligne, le Levé des Plans et la Gnomonique. 2e tirage. In-4, avec planches; 1853........................... 4 fr.

**TONDEUR**, professeur de Mathématiques. — **Questionnaires et Exercices préparatoires à la composition et à l'examen du Baccalauréat ès Sciences**, suivis d'un **Recueil de Compositions.** In-12; 1855... 2 fr. 50 c.

**TREDGOLD. — Traité pratique sur les Chemins de fer et les voitures destinées à les parcourir**, principes d'après lesquels on peut évaluer leur force, leurs proportions et les dépenses annuelles qu'ils nécessitent, ainsi que leur produit; conditions à remplir pour les rendre à la fois utiles, économiques et durables. Théorie des Chariots à vapeur, des Machines stationnaires et de celles où l'on emploie le gaz; leur effet utile et les frais qu'elles occasionnent. Contenant beaucoup de Tables. Traduit de l'anglais, par *T. Duverne*. In-8, fig.; 1826....... 5 fr.

**TREDGOLD. — Traité de Machines à vapeur et de leur application à la Navigation, aux Mines, aux Manufactures, etc.**, comprenant l'histoire de l'invention et des perfectionnements successifs de ces machines, l'exposé de leur théorie et des proportions les plus convenables de leurs diverses parties, accompagné d'un grand nombre de tableaux synoptiques contenant les résultats les plus utiles pour la pratique; traduit de l'anglais, avec des Notes par *Mellet*, ancien Élève de l'École Polytechnique. 2e édition, revue et corrigée; augmentée d'une Section sur les **Machines locomotives**. 1 fort vol. in-4, et atlas de 25 planches; 1838 .......... 25 fr.

**VIEILLE**, Agrégé près la Faculté des Sciences de Paris, Maître des Conférences à l'Ecole Normale. — **Cours complémentaire d'Analyse et de Mécanique rationnelle**, professé à l'Ecole Normale. In-8, avec planches; 1851 .......... 7 fr.

**VIEILLE**. — **Théorie générale des approximations numériques**, à l'usage des Candidats aux Écoles spéciales du Gouvernement. 2e édition, in-8; 1854 .......... 3 fr. 50

**VINCENT**. — **Note sur la Résolution des Équations numériques**. In-8; 1834 .......... 1 fr.

**VINCENT**, Professeur au Lycée Saint-Louis, et **BOURDON**, Inspecteur général de l'Université. — **Cours de Géométrie élémentaire**, à l'usage des classes de mathématiques des Colléges, adopté par l'Université. 5e éd., revue et entièrement refondue. In-8; 1844 .......... 7 fr.

**VINCENT**, membre de l'Institut, et **SAIGEY**. — **Géométrie élémentaire** refaite d'après les principes du nouveau *Programme* des études. In-12, avec planches; 1856. 3 fr. 50 c.

**VIOLEINE (P.-A.)**, chef de bureau au Ministère des Finances. — **Nouvelles Tables pour les calculs d'Intérêts simples et composés, d'Amortissement, d'Annuités de primes, etc.** In-4; 1854 .......... 15 fr.

**VIOLLET**; revu par M. **COMBES**, Membre de l'Institut. — **Fourneaux fumivores**. — **Notice sur les appareils propres à prévenir la formation de la fumée, ou à en opérer la combustion**. In-4, avec planches et Supplément .......... 4 fr.

**YVON VILLARCEAU**, Astronome à l'Observatoire impérial de Paris. — **Sur l'Etablissement des Arches de Pont, envisagé au point de vue de la plus grande stabilité, et Tables pour faciliter les applications numériques**. In-4, avec figures dans le texte, et 2 pl.; 1854 .......... 12 fr.

# JOURNAUX SCIENTIFIQUES.

**COMPTES RENDUS HEBDOMADAIRES DES SÉANCES DE L'ACADÉMIE DES SCIENCES,** publiés conformément à une décision de l'Académie, en date du 13 juillet 1835, par MM. les *Secrétaires perpétuels*.

Les **COMPTES RENDUS** paraissent régulièrement le dimanche par cahier de 24 à 40 pages.

Prix de l'abonnement pour Paris.......... 20 fr.
Pour les Départements.................. 30 fr.
L'année 1835 se vend séparément......... 10 fr.
Les années 1836 à 1855, chacune composée de 2 volumes........................ 20 fr.

**TABLE GÉNÉRALE DES COMPTES RENDUS DES SÉANCES DE L'ACADÉMIE DES SCIENCES** (Table des auteurs et Table des matières des Tomes I^er^ à XXXI. 3 août 1835 à 30 décembre 1850.) Fort vol. in-4 à 2 colonnes. ............................ 20 fr.

**SUPPLÉMENT AUX COMPTES RENDUS DES SÉANCES DE L'ACADÉMIE DES SCIENCES;** contenant : **1° Mémoire sur quelques points de la Physiologie des Algues**; par MM. *Derbès et Solier*. **2° Mémoire sur le Calcul des perturbations qu'éprouvent les Comètes**; par M. *Hansen*. **3° Mémoire sur le Pancréas**; par M. *Claude Bernard*. Tome I^er^, in-4 avec planches; 1856.................. 25 fr.

**JOURNAL DE MATHÉMATIQUES PURES ET APPLIQUÉES**; Recueil mensuel de Mémoires sur les diverses parties des Mathématiques; par J. LIOUVILLE, membre de l'Institut et du Bureau des Longitudes.

Ce Recueil paraît régulièrement le premier de chaque mois, en un cahier de 32 à 48 pages in-4.

Prix de l'abonnement pour Paris (année 1856). 30 fr.
Pour les Départements.................. 35 fr.
Pour l'étranger........................ 40 fr.
La 1^re^ Série, composée de 20 volumes (années 1836 à 1855)............................. 400 fr.
Chaque volume de cette Série se vend séparément. 25 fr.

**NOUVELLES ANNALES DE MATHÉMATIQUES.** Journal des Candidats aux Ecoles Polytechnique et Normale; rédigé par M. *Terquem*, Officier de l'Université, Docteur ès Sciences, Professeur aux Ecoles nationales d'Artillerie; et M. *Gerono*, Professeur de Mathématiques.

Les **Nouvelles Annales de Mathématiques** paraissent *le premier* de chaque mois, par livraison de 3 et 4 feuilles, et forment, par an, un volume in-8 *avec figures.*

Les tomes XIV et XV sont augmentés d'un *Bulletin de Bibliographie, d'Histoire et de Biographie mathématiques.*)

**Prix de chaque année (12 numéros):**

| | |
|---|---|
| Pour Paris | 12 fr. |
| Pour les Départements | 14 fr. |
| Pour l'Etranger | 16 fr. |

| | |
|---|---|
| Les tomes VIII à XIII se vendent séparément | 8 fr. |
| Les tomes XIV et XV se vendent séparément | 10 fr. |
| Les tomes VIII à XV, ensemble | 60 fr. |

En faisant *à la fois* la demande des tomes VIII, IX, X, XI, XII, XIII, XIV, XV, ils seront expédiés *franco*.

**ANNALES DE CHIMIE ET DE PHYSIQUE**, paraissant le 1er de chaque mois, et formant par an 3 vol. in-8, accompagnés de planches gravées. (*L'Abonnement ne se fait que pour un an.*)

| | |
|---|---|
| Prix pour Paris | 30 fr. |
| les Départements | 34 fr. |
| l'Étranger, d'après les conventions postales. | |

La Collection des **Annales de Chimie et de Physique** est divisée en trois Séries.

| | |
|---|---|
| **1re Série**, de 1789 à 1815, 96 vol. | 500 fr. |
| Table générale raisonnée des matières contenues dans cette Série, 3 vol. | 24 fr. |
| **2e Série**, de 1816 à 1840, 78 vol. et Tables. | 350 fr. |
| **3e Série**, de 1841 à 1856, 48 vol. | 480 fr. |

---

Paris.—Imprimerie de Mallet-Bachelier, rue du Jardinet, 12.

(Juin 1857.)

www.ingramcontent.com/pod-product-compliance
Ingram Content Group UK Ltd.
Pitfield, Milton Keynes, MK11 3LW, UK
UKHW031048260726
13965UKWH00006B/798